Taschen Typen

Was verrät deine Tasche über dich?

Inhalt

Clutch

XXL-Tasche

Umhängetasche

4

Vorwort

Taschen kann man nie genug haben! Auch wenn der Schrank voll von Taschen ist, greifen viele Frauen meist zum selben Taschentyp. Warum das so ist und was die Lieblingstasche über uns sagt, erklärt Ihnen Psychologieprofessor Dr. Alfred Gebert in diesem Buch.

Neben der Taschenpsychologie bietet Ihnen dieses Buch 35 tolle Nähanleitungen zu einem der beliebtesten Modeaccessoires – der Handtasche. Jeweils fünf verschiedene Anleitungen finden Sie in den sieben Kapiteln über die verschiedenen Taschentypen: Rucksack, Umhängetasche, Clutch, XXL-Tasche, Shopper, Tote-Bag und Businesstasche. Jeden Typ finden Sie in den Farben Schwarz, Braun, Blau, Grün und Rot gezeigt.

Wählen Sie sich Ihr Lieblingsmodell und unterstreichen Sie damit noch gezielter Ihre Persönlichkeit.

Viel Freude beim Nähen und Tragen Ihres ganz individuellen und persönlichen Lieblingsstücks!

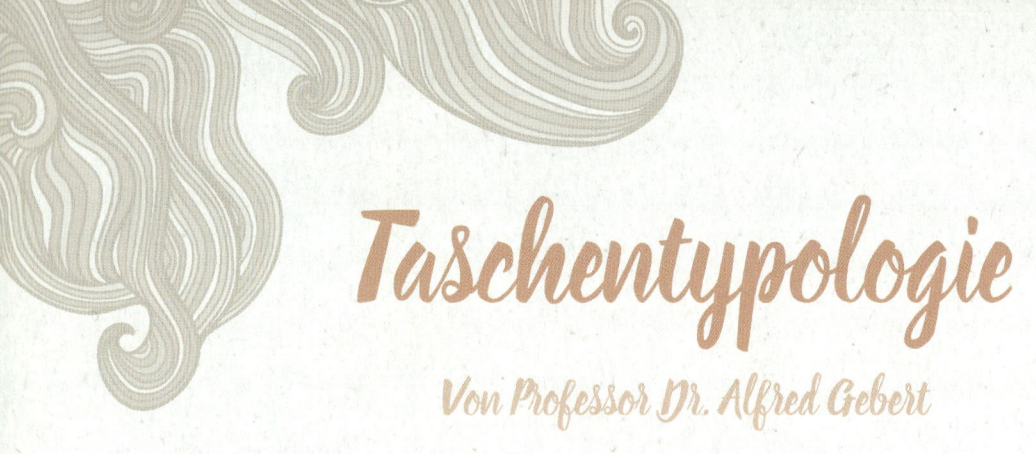

Taschentypologie

Von Professor Dr. Alfred Gebert

Groß oder klein? Streng oder verspielt? Elegant oder lässig? Zum Umhängen oder doch lieber ein Rucksack? Taschen verraten mehr über die Persönlichkeit ihrer Trägerin, als wir denken.

Für viele Frauen ist der praktische Nutzen einer Tasche zweitrangig. Die Tasche soll vielmehr die Persönlichkeit und den individuellen Stil ihrer Trägerin unterstreichen. Gleichwohl ist eine Damenhandtasche oft eine wahre Schatzkiste und hält meist allerlei Nützliches für jede Lebenslage griffbereit. Neben Smartphone, Portemonnaie und Schlüssel finden sich darin meist auch Parfüm, Make-up, Lippenstift, ein Taschenspiegel, Kaugummi, Tabletten, Einkaufs- zettel und anderes mehr. Die durchschnittliche Damenhandtasche ist mit über 30 Dingen befüllt. Männer hingegen bringen es im Durchschnitt auf etwas mehr als drei Objekte (Smartphone, Portemonnaie und Autoschlüssel usw.), die sie in ihrer Hosen- oder Jackentasche verstauen.

Ein praktischer Alltagsbegleiter und ein wichtiges Accessoire, das die Persönlichkeit unterstreicht – diesen Zweck sollte jede Handtasche erfüllen, um zur Lieblingstasche zu werden. Welcher Taschentyp sind Sie?

TOTE-BAG = Die Spontane

Eine Frau mit einer Tote-Bag ist praktisch veranlagt und liebt es locker und leger. Sie weiß, was sie vom Leben erwartet, und geht die Dinge mutig an. Sie reagiert auf die wichtigen Dinge des Lebens spontan und vertraut ihrem Bauchgefühl – aber gerät manchmal darüber ins Grübeln. Fest vorgegebene Bahnen sind nichts für sie und sie ist immer offen für kreative Lösungen. Ihr Leitspruch lautet: „Lebe jetzt und hier: Mach den Kopf frei und genieße den Moment, denn das Leben ist schön!"

BUSINESSTASCHE = Die Powerfrau

Alles, was sie beginnt, bringt sie auch zu Ende – diese Frau ist voller Kraft, Ehrgeiz und Tatendrang. Freunde, Freizeit, Job und Familie – alles bringt sie unter einen Hut und das mit Bravour! Sie hat Mut und scheut nicht vor unangenehmen Situationen zurück – bei ihr bekommt man immer eine ehrliche Meinung und Einschätzung. Sie ist diszipliniert und brennt für Dinge und Menschen, die ihr wichtig sind. Für sie gilt: „Wer kämpft kann verlieren, wer nicht kämpft, hat schon verloren."
(Bertolt Brecht)

7

CLUTCH = Die Träumerin

In eine kleine Handtasche passt nicht viel rein, aber das benötigt eine Frau mit einer Clutch auch nicht, denn ihre großen Träume und Sehnsüchte passen auch in eine kleine Handtasche. Meist steckt die Trägerin einer Clutch mit dem Kopf in den Wolken und ist gelegentlich etwas zurückhaltend. Mit Oberflächlichkeit kann sie gar nichts anfangen – sie ist eine treue und zuverlässige Freundin. „Verliere nie deine Träume aus den Augen, egal, welche Hürden du überwinden musst."

SHOPPER = Die Selbstbewusste

„Hier geht's lang!", denn sie weiß genau, was sie will und wo es hingehen soll. Frauen mit einem Shopper sind selbstbewusst, organisiert und strukturiert. Sie übernehmen gerne Verantwortung für sich und auch andere, denn sie haben einen Plan. Weltoffen und kommunikativ gehen sie auf andere zu, denn neue Bekanntschaften schließen sie gerne. Ihr Credo lautet: „Alle sagten: Das geht nicht. Dann kam einer, der wusste das nicht, und hat es einfach gemacht!"

XXL-BAG = Die Chaotin

„Wo habe ich nochmal …?" Diesen Satz hört man öfter von der Trägerin einer XXL-Tasche. So unaufgeräumt, wie die Tasche ist, so ist meist auch ihr Leben. Man weiß ja nie, was einen so erwartet, also trägt diese Frau einfach alles mit sich herum und ist deshalb für alles gewappnet. Lebenslustig, kreativ und flexibel – diese Frau ist eine chaotische Macherin! Ihr Lebensmotto lautet: „I have no direction in my life and I've never been happier."

UMHÄNGETASCHE =
Die Zielstrebige

Angepasst? Brav? Das ist die Trägerin einer Umhängetasche ganz sicher nicht. Sie hat Ziele und weiß, wie
sie diese erreichen kann. Selbstbewusst, sportlich, aktiv
und unangepasst: Diese Frau packt ihr Leben an.
Sie lässt sich nicht beirren und geht auch manchmal
stürmisch voran. Ihr Motto lautet: „Wieso gegen den
Strom schwimmen, wenn man mit einer Yacht darüber
segeln kann?"

RUCKSACK =
Die Unternehmungslustige

Diese Trägerin ist unkompliziert und liebt die Gesell-
schaft anderer. Mit ihr kann man Pferde stehlen und sie
ist für jeden Spaß zu haben. Sie ist hilfsbereit, gesellig
und kommunkativ – es gibt nichts, worüber man mit ihr
nicht reden kann. Sie ist für alles gerüstet, und fragt
man sie nach Handcreme oder einem Regenschirm, hat
sie alles in ihrem Rucksack griffbereit. Für sie gilt:
„Nimm dir Zeit für die schönen Dinge des Lebens!"

Neben der Taschenform sagt eine Farbe mehr als tausend Worte und verrät Ihnen nicht nur etwas über Ihre Persönlichkeit sondern auch über Ihren Stil.

BLACK

Frauen, die die Farbe Schwarz und Grau bevorzugen, lieben Harmonie. Sie sind mit ihrem Leben in Einklang und strahlen das auch aus. Auch wenn mal etwas chaotisch läuft ist ein elegantes Auftreten wichtig.

BROWN

Sicherheit ist dieser Frau ganz wichtig. Sie ist bodenständig und geerdet – ihr kann man nichts vormachen. Ihr Stil ist zeitlos und solide: Große modische Experimente wagt sie nicht: Sie hat sich gefunden.

RED

Ihr Stil ist romantisch mit einem Hauch von Sexappeal. Sie weiß, was sie will und wie sie die Dinge erreichen kann. Mit viel Fantasie und Kreativität stellt sie sich allen Aufgaben.

GREEN

Auf andere wirkt diese Frau unkonventionell – doch ist diese Frau sensibel, mitfühlend und hat ein Herz für andere. Auf diese Frau ist Verlass.

BLUE

Klare Strukturen und Formen sind ihr ganz wichtig und sie versteht es auch, im Durcheinander Ruhe zu finden. Dinge objektiv zu betrachten fällt ihr nicht schwer, denn diese Frau ruht in sich selbst. Auf andere wirkt sie sportlich und aktiv.

Auch wenn Sie Ihren Lieblingstaschentypen haben, lassen Sie sich von den vielen tollen Modellen in diesem Buch verführen – lassen Sie nicht den Taschentyp sprechen, sondern einfach Ihre Lieblingsfarbe!

Rucksack

Die Rucksackträgerin ist Unternehmungslustig und für jeden Spaß zu haben. Ein Rucksack ist praktisch: er bietet viel Platz, man hat die Hände frei für Anderes und er passt zu jedem Outfit. Mit jedem der folgenden fünf Modelle ist die Trägerin stylish und trendbewusst, strahlt etwas Sportliches aus und geht mit der Mode. Ob zum Wochenendausflug in die Natur oder als lässiger Begleiter bei einer Shoppingtour – mit jedem der Rucksäcke sind Sie gut begleitet.

Night Out

Größe: 30 cm x 43 cm, 6 cm tief

✳✳✳

Anleitung

1. Vlieseinlage nach Herstelleranleitung auf die linke Stoffseite des Rückteils (A) aus Stoff 1 bügeln.

2. Den oberen Teil des Magnetknopfs nach Hersteller-anleitung mittig 4 cm vom oberen Rand entfernt an der äußeren Tasche (D) aus Stoff 3 anbringen. Anschließend beide Schnittteile der äußeren Tasche (D) rechts auf rechts aufeinanderlegen und an der oberen schrägen Kante absteppen. Wenden und die Naht von rechts knappkantig absteppen.

3. Nun das untere Vorderteil (B) aus Stoff 2, das obere Vorderteil (C) aus Stoff 2 sowie den Reißver-schluss verarbeiten. Dazu den unteren (linken) Teil des Reißverschlusses rechts auf rechts an der schrägen Kante von Teil B mittig ausrichten und festnähen. Nun Teil C rechts auf rechts auf Teil B legen und an der schrägen Kante festnähen (der Reißverschluss liegt zwischen den Stofflagen). Die Stofflagen auseinanderklappen. Die Nahtzugabe auf Teil B klappen, der Reißverschluss zeigt Rich-tung Teil C. Entlang des Reißverschlusses knapp-kantig absteppen.

Material

- Stoff 1: Kunstleder in Schwarz, 50 cm x 130 cm
- Stoff 2: Kunstleder in Silberfarben, 40 cm x 100 cm
- Stoff 3: Baumwollstoff in Schwarz-Weiß gemustert, 50 cm x 100 cm
- Vlieseinlage: Decovil, 49 cm x 32 cm
- teilbarer Metallreißverschluss in Schwarz, 30 cm lang
- 1 Magnetverschluss, ø 1,8 cm
- Gurtband in Schwarz, 3 cm breit, 1,30 m

Zuschnitt

Alle Schnittmuster enthalten 1 cm Nahtzugabe. Alle Markierungen von den Schnittmustern auf die Schnittteile übertragen.

Stoff 1:

1 x Schnittteil A „Rückteil"
2 x Schnittteil C „Oberes Vorderteil/Klappe"
(1 x normal, 1 x spiegelverkehrt zuschneiden)
2 x Schnittteil E „Träger"
1 x Schnittteil F „Griff"

Stoff 2:

1 x Schnittteil B „Unteres Vorderteil"
1 x Schnittteil C „Oberes Vorderteil und Klappe"
1 x Schnittteil D „Äußere Tasche"

Stoff 3:

2 x Schnittteil A „Rückteil"
1 x Schnittteil D „Äußere Tasche"
(spiegelverkehrt zuschneiden)

Vlieseinlage:

1 x Schnittteil A „Rückteil"

Schnittmusterbogen 1A, Teile A, B, E, F
Schnittmusterbogen 1B, Teile C, D

4. Nun die äußere Tasche (D) auf die rechte Stoffseite des eben verarbeiteten Teils B legen. Die Position des Magnetverschlusses markieren und das zweite Verschlussteil nach Herstelleranleitung auf dem Teil B befestigen. Die Teile wieder aufeinanderlegen, den Verschluss zur Sicherheit schließen und die Teile an den Seitenkanten zusammennähen.

5. Die beiden Klappenteile (C) aus Stoff 1 zur Hand nehmen. Das normal zugeschnittene Klappenteil C mit der schrägen Kante rechts auf rechts an der anderen Reißverschlusshälfte annähen. Das spiegelverkehrt zugeschnittene Klappenteil rechts auf rechts auf das andere Klappenteil legen und an der schrägen Kante (der Reißverschluss liegt zwischen den Stofflagen) und an den Seiten zusammennähen. Wenden und die Kanten und entlang des Reißverschlusses knappkantig absteppen.

6. Zwei 65 cm lange Stücke Gurtband zurechtschneiden. Die Träger (E) längs rechts auf rechts falten und jeweils das Gurtband 17 cm tief dazwischen legen, sodass es an einer kurzen Trägerseite 48 cm übersteht. Knapp neben dem Gurtband absteppen, an der kurzen Seite, wo das Gurtband herausschaut, füßchenbreit nähen. Überstehenden Stoff an der langen Kante abschneiden. Träger wenden. Das 48 cm lange Stück Gurtband verschwindet im Träger, das 17 cm lange Stück kommt außen zum Vorschein. Die beiden langen sowie die kurze Trägerkante von außen knappkantig absteppen.

7. Den Griff (F) längs rechts auf rechts falten und an der langen Kante zusammennähen. Wenden und die genähte Kante knappkantig absteppen.

8. Die Träger jeweils 4,5 cm vom seitlichen Rand entfernt und den Griff 13 cm vom seitlichen Rand entfernt rechts auf rechts an die Oberkante des Rückteils legen und füßchenbreit annähen. Anschließend die anderen Trägerenden jeweils an den Seiten 3 cm von der unteren Kante entfernt rechts auf rechts festnähen.

9. Die Taschenklappe (C) aus Stoff 1 mit dem Reißverschluss rechts auf rechts an der Oberkante des Rückteils (A) aus Stoff 1 füßchenbreit annähen.

10. Das Rucksackvorderteil und das Rückteil rechts auf rechts an den Seiten und der Unterkante zusammennähen absteppen, dabei die inneren Ecken aussparen.

11. Die inneren Ecken auseinanderziehen und jeweils die Bodennaht rechts auf rechts bündig auf die Seitennaht legen (Abb. 1) und die Ecken füßchenbreit abnähen (Abb. 2). Wenden.

Abb. 1

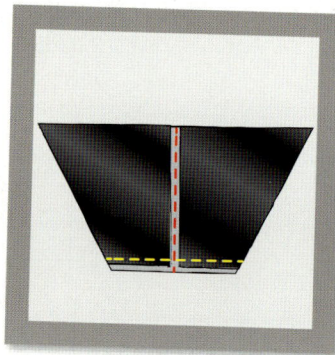

Abb. 2

12. Für das Innenfutter die Rückteile (A) aus Stoff 3 rechts auf rechts an den Seiten und der Unterkante zusammennähen, dabei an der unteren Kante eine Wendeöffnung lassen und die inneren Ecken aussparen. Die inneren Ecken wie in Schritt 11 beschrieben nähen.

13. Die Außentasche und das Innenfutter rechts auf rechts ineinanderschieben und die Oberkante absteppen. Wenden und die Wendeöffnung schließen. Die obere Kante von rechts knappkantig absteppen.

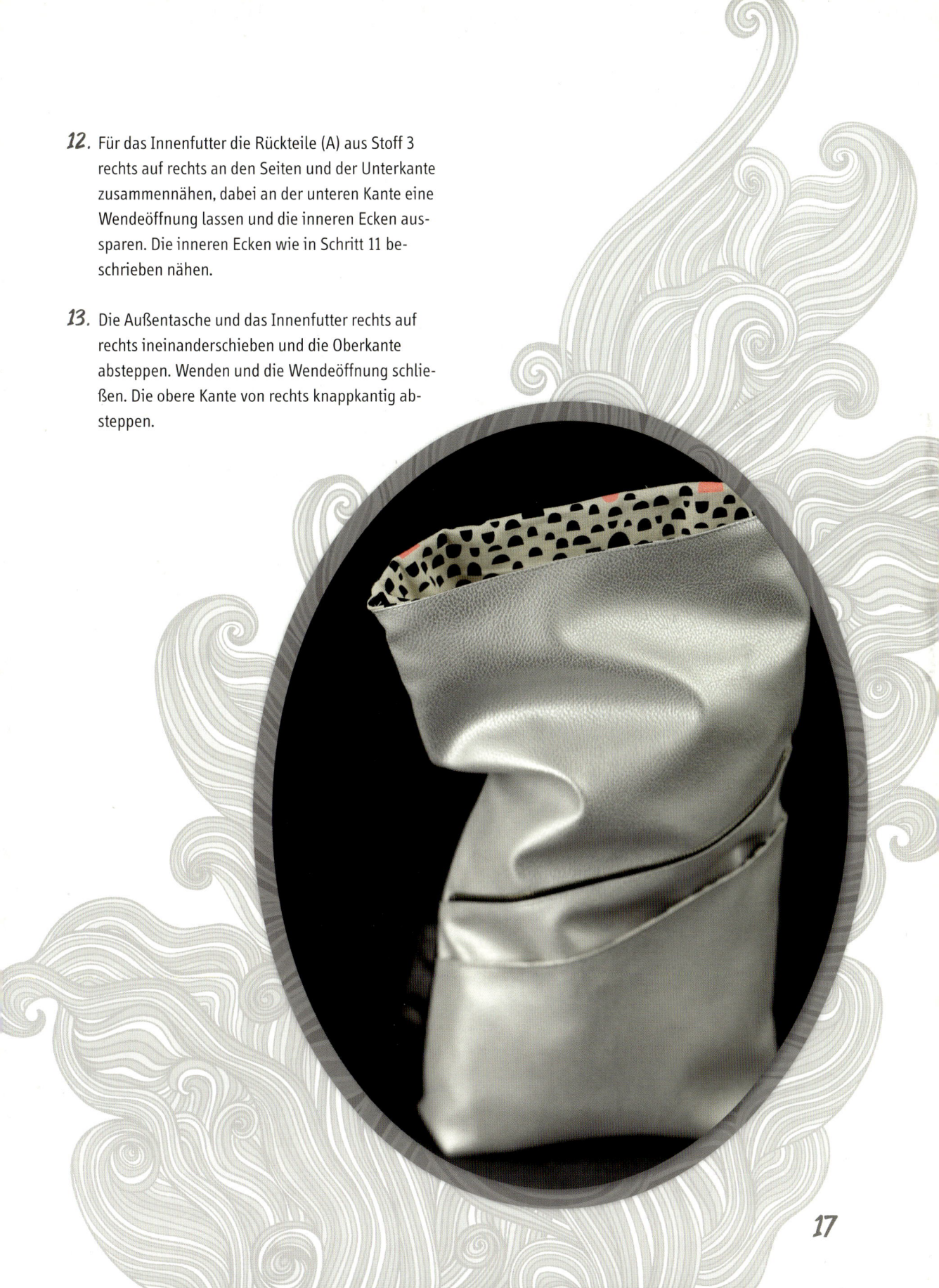

Minimalistisch in Braun

Größe: 40 cm x 40 cm

* * *

Material

- Stoff 1: Kunstleder in Dunkelbraun, 42,5 cm x 95 cm
- Stoff 2: Baumwollstoff in Grau-Silber gemustert, 40 cm x 88 cm
- Vlieseinlage: Vlieseline oder Decovil, 11 cm x 16 cm
- Kordel in Beige, ø 1 cm, 1,75 m
- 8 Ösen, ø 1,4 cm

Zuschnitt

Alle Schnittmuster enthalten 1 cm Nahtzugabe. Alle Markierungen von den Schnittmustern auf die Schnittteile übertragen.

Stoff 1:

2 x Schnittteil A „Außentasche"
2 x Zuschnitt für Kordelschlaufen, 8 cm x 7 cm

Stoff 2:

2 x Schnittteil B „Innenfutter"

Vlieseinlage:

8 x Zuschnitt zur Verstärkung der Ösen, 5,5 cm x 4 cm

Schnittmusterbogen 1A, Teile A und B

Anleitung

1. Die beiden Teile für das Innenfutter (B) rechts auf rechts an den beiden Seiten und der Unterkante absteppen, dabei an einer Seitennaht eine Wende-öffnung lassen und die inneren Ecken an der Unterkante offen lassen.

2. Nun die unteren Ecken im Innenfutter auseinan-derziehen und jeweils die Bodennaht bündig auf die Seitennaht legen und die Ecken abnähen (siehe S. 16, Schritt 11).

3. Die Vlieseinlagenzuschnitte zur Ösenverstärkung auf alle Markierungen für die Ösen nach Hersteller-anleitung auf die linke Stoffseite der beiden Außen-taschenteile (A) aufbügeln, dazu die Verstärkung mit der 4 cm langen Kante bündig mit der Oberkante des Taschenteils anlegen.

4. Die Zuschnitte für die Kordelschlaufen längs rechts auf rechts falten und an der langen Kante zusam-mennähen. Wenden. In der Mitte falten, sodass die kurzen Kanten aufeinanderliegen und eine Schlau-fe entsteht.

5. Die beiden Außentaschenteile rechts auf rechts legen und die Schlaufen mit den kurzen Kanten links und rechts bündig an der Außenkante mit 4 cm Abstand zur Unterkante zwischen die Stofflagen legen. Die Schlaufen zeigen nach innen. Mit Stecknadeln fixieren und die beiden Seiten sowie die Unterkante absteppen, dabei die inneren Ecken aussparen.

6. Die inneren Ecken auseinanderziehen und jeweils die Bodennaht rechts auf rechts bündig auf die Seitennaht legen und die Ecken abnähen (siehe S. 16, Schritt 11). Wenden.

7. Die Außentasche und das Innenfutter rechts auf rechts bündig an der Oberkante absteppen. (Die Außentasche ist 2,5 cm höher als die Innentasche, dennoch genau an der Kante absteppen.) Wenden, die Wendeöffnung schließen und das Innenfutter in die Außentasche schieben, dabei den Außenstoff am oberen Rand 2,5 cm nach innen umschlagen.

8. Nun am Vorder- und Rückteil in den Außenstoffstreifen in beide Stofflagen gemäß Markierungen die 8 Ösen einschlagen. Liegen die oberen Kanten aufeinander, treffen stets zwei Ösen jeweils genau aufeinander.

9. Ein 55 cm langes Stück Kordel zurechtschneiden. Von einer Seite durch die zwei äußeren Ösen ziehen, auf der anderen Seite durch die beiden anderen äußeren Ösen ziehen und die Enden verknoten. Das 1,20 m lange Kordelstück durch die unteren Schlaufen und die mittleren Ösen ziehen. Die Enden verknoten.

Blue Classic

Größe: 28 cm x 40 cm, 10 cm tief

✳ ✳ ✳

Anleitung

1. Vlieseinlage 1 nach Herstelleranleitung jeweils auf die linke Stoffseite von Rück- und Vorderteil (A), Seite (B), Reißverschlussblenden (C) aus Stoff 2 sowie ein Griff- (G) und ein Trägerteil (H) aus Stoff 3 bügeln. Vlieseinlage 2 jeweils auf die linke Stoffseite von Rück- und Vorderteil (A), Seite (B), Reißverschlussblenden (C) aus Stoff 1 sowie das andere Trägerteil (H) aus Stoff 3 bügeln.

2. Die Nahtzugabe der beiden Reißverschlussblenden (C) aus Stoff 2 jeweils an einer langen Seite auf links umbügeln. Die Blenden jeweils mit der kurzen Seite rechts auf rechts auf die kurze Seite des Seitenteils (B) aus Stoff 2 nähen, sodass die lange Kante jeweils mit der äußere Kante des Teils B abschließt und die Seiten mit der umgebügelten Nahtzugabe innen liegen. Dort bildet sich ein 1 cm

Material

- Stoff 1: Canvasstoff in Blau-Weiß gemustert, 70 cm x 100 cm
- Stoff 2: Canvasstoff in Blau, 70 cm x 100 cm
- Stoff 3: Canvasstoff in Blau 40 cm x 100 cm
- Vlieseinlage 1: Vlieseline S 320, 55 cm x 90 cm
- Vlieseinlage 2: Volumenvlies H 630, 60 cm x 90 cm
- Reißverschlüsse in Blau, 16 cm und 18 cm lang
- Reißverschluss in Blau mit 2 Zippern, 52 cm lang
- Gurtband in Hellblau, 4 cm breit, 110 cm lang
- 2 Gurtschieber, 4 cm breit

Zuschnitt

Alle Schnittmuster enthalten 1 cm Nahtzugabe. Die Schnittteile A, B, C, D, H, I im Stoffbruch zuschneiden. Alle Markierungen von den Schnittmustern auf die Schnittteile übertragen.

Stoff 1:
- 2 x Schnittteil A „Vorder-/Rückteil"
- 1 x Schnittteil B „Seite"
- 2 x Schnittteil C „Reißverschlussblende"
- 1 x Schnittteil D „Aufgesetzte Tasche"
- 2 x Schnittteil E „Innentasche"

Stoff 2:
- 2 x Schnittteil A „Vorder-/Rückteil"
- 1 x Schnittteil B „Seite"
- 2 x Schnittteil C „Reißverschlussblende"

Stoff 3:
- 1 x Schnittteil D „Aufgesetzte Tasche"
- 2 x Schnittteil F „Trägerdreieck"
- 2 x Schnittteil G „Griff"
- 2 x Schnittteil H „Träger"
- 2 x Schnittteil I „Blende"

Vlieseinlage 1:
- 2 x Schnittteil A „Vorder-/Rückteil"
- 1 x Schnittteil B „Seite"
- 2 x Schnittteil C „Reißverschlussblende"
- 1 x Schnittteil H „Träger"
- 1 x Schnittteil G „Griff"

Vlieseinlage 2:
- 2 x Schnittteil A „Vorder-/Rückteil"
- 1 x Schnittteil B „Seite"
- 2 x Schnittteil C „Reißverschlussblende"
- 1 x Schnittteil H „Träger"

Schnittmusterbogen 1A, Teile A–I

breiter Spalt. Den Schritt an der zweiten kurzen Seite des Seitenteils wiederholen. Die Nahtzugaben auf das Seitenteil B klappen und von rechts knappkantig absteppen.

3. Das in Schritt 2 entstandene Teil rechts auf rechts auf das Vorderteil aus Stoff 2 legen und zuerst an der oberen und untere Mitte, dann rundherum mit Stecknadeln fixieren und füßchenbreit annähen. Den Schritt am Rückteil aus Stoff 2 wiederholen.

4. Für die obere Reißverschlusstasche ein Taschenteil (E) rechts auf rechts auf das Vorderteil (A) aus Stoff 1 legen, 7 cm vom oberen Rand entfernt. Nun entlang der Markierung „Nahtlinie Reißverschluss" ein Rechteck absteppen. Im Inneren des Rechtecks entlang der Schnittlinie einschneiden, an den Enden jeweils Y-förmig bis kurz vor die Naht in die Ecken einschneiden. Das Taschenteil (E) durch die Öffnung nach innen ziehen. Bügeln. Von der linken Stoffseite des Taschenteils aus den 16 cm langen Reißverschluss auf die Öffnung legen und von rechts mit Stecknadeln fixieren. Von rechts knappkantig entlang der rechteckigen Öffnung feststeppen. Das zweite Taschenteil (E) rechts auf rechts auf das bereits eingenähte stecken und rundherum an den Kanten zusammennähen, dabei das Vorderteil nicht mitfassen.

5. Für die untere aufgesetzte Tasche die Taschenteile (D) aus Stoff 1 und 3 rechts auf rechts entlang der Reißverschlussnahtlinie absteppen. Die Schnittlinie im Inneren des Rechtecks wie in Schritt 4 beschrieben einschneiden. Das Teil aus Stoff 3 durch die Öffnung ziehen. Bügeln. Den 19 cm langen Reißverschluss hinter die Öffnung legen und auf Stoff 1 von rechts absteppen.

6. Die inneren Ecken der aufgesetzten Tasche (D) rechts auf rechts aufeinanderlegen, dabei bleiben die beiden Stofflagen zusammen (Abb. 2), füßchenbreit absteppen und die Ecken nach außen stülpen. Alle noch offenen Kanten 0,5 cm auf links bügeln und gemäß Markierung mit Stecknadeln auf dem Vorderteil fixieren. Von außen knappkantig absteppen.

7. Die lange Seite einer Reißverschlussblende (C) aus Stoff 1 rechts auf rechts auf den 52 cm langen Reißverschluss legen, feststecken und absteppen, dabei den Reißverschluss an jeder Seite 1 cm überstehen lassen. Den Schritt mit der anderen Reißverschlussblende (C) wiederholen. Beidseitig des Reißverschlusses von rechts knappkantig absteppen.

8. Die kurzen Seiten der Reißverschlussblenden rechts auf rechts an die kurzen Seiten des Seitenteils (B) aus Stoff 1 nähen. Auf rechts wenden und die Naht von rechts knappkantig absteppen.

9. Das in Schritt 8 entstandene Teil rechts auf rechts auf das Vorderteil aus Stoff 1 legen und zuerst an der oberen und unteren Mitte, dann rundherum mit Stecknadeln fixieren und füßchenbreit annähen. Die Nahtzugabe ins Innenteil legen und von rechts absteppen.

10. Die Träger (H) jeweils an den langen Kanten 0,5 cm auf links umbügeln. Die Mitte markieren und die beiden langen Kanten so auf links auf die Mitte falten, dass sie 0,5 cm überlappen. Entlang der Mittellinie absteppen. Die langen Kanten füßchenbreit absteppen.

11. Zwei 15 cm lange Stücke Gurtband zurechtschneiden und jeweils auf einen äußeren Steg am Gurtschieber fädeln. Die Gurtenden bei Kunststoffgurten mit dem Feuerzeug versiegeln. Die Enden bündig aufeinanderlegen und 2,5 cm überlappend auf der Rückseite des Trägers feststecken, dabei darauf achten, dass der Gurtschieber in Richtung der Vorderseite der Träger zeigt. Mit einer Rechtecknaht mit zwei Diagonalen festnähen.

12. Die Träger rechts auf rechts auf die Markierung am Rückteil (A) aus Stoff 1 stecken, dabei zeigen die Träger in Richtung Rucksackoberkante. Die Blende (I) an den langen Kanten jeweils 1 cm auf links umbügeln. Gemäß Markierung mit Stecknadeln über den Trägern fixieren. Die langen Seiten der Blende knappkantig absteppen. Die Träger noch einmal mit einer Rechtecknaht mit Diagonalen zusätzlich absteppen.

13. Die Trägerdreiecke (F) an der langen Seite 0,5 cm nach links umschlagen. Die Dreiecke in der Mitte links auf links falten. Zwei 40 cm lange Stücke Gurtband zurechtschneiden und jeweils entlang der Faltlinie zwischen die Stofflagen legen, sodass das Band an der offenen (nicht umgebügelten) Kante etwa 1 cm übersteht. Nun entlang der umgebügelten Kante knappkantig absteppen. Die offene Kante rechts auf rechts gemäß Markierung auf das Rückteil stecken, das Gurtband zeigt in Richtung Rückteil. Innerhalb der Nahtzugabe an der Kante absteppen und überstehendes Gurtband zurückschneiden.

Den Schritt auf der anderen Seite wiederholen. Den Gurt um die beiden übrigen Stege des Gurtschiebers fädeln.

14. Die Schnittteile für den Griff (G) an den langen Kanten 0,5 cm auf links bügeln. Die Teile links auf links aufeinanderlegen und an den langen Kanten knappkantig absteppen. Den Griff zur Schlaufe legen und mit den kurzen Kanten bündig an der Oberkante des Rückteils rechts auf rechts annähen.

15. Den Gurt und den Griff mit Stecknadeln am Rückteil fixieren, sodass nichts verrutscht. Den langen Reißverschluss öffnen. Das Rückteil rechts auf rechts an das Seitenteil nähen. Wenden.

16. Das Innenfutter und die Außentasche rechts auf rechts ineinanderschieben. Die Nahtzugabe der Reißverschlussblende des Innenfutters nach links umschlagen und mit Stecknadeln am Reißverschluss fixieren. Von außen absteppen.

Green Hipster

Größe: 30 cm x 30 cm, 21 cm tief

✳ ✳ ✳

Anleitung

1. Vlieseinlage 2 nach Herstelleranleitung auf die linke Seite eines Teils der großen Klappe (C) sowie auf die linke Stoffseite eines Vorderteils bügeln. Vlieseinlage 1 nach Herstelleranleitung auf die linke Seite eines Rückteils (B) bügeln.

2. Ein 50 cm langes Stück Paspel zurechtschneiden Die Paspel rechts auf rechts bündig an der Kante des inneren (verdeckten) Klappenteils feststecken. Mit Reißverschlussfüßchen festnähen.

3. Einen Zuschnitt Vlieseline 1 zur Verstärkung 1 mittig und 3,5 cm vom unteren Rand entfernt nach Herstelleranleitung auf die linke Seite des Klappenteils bügeln und dort das obere Teil des Magnetverschlusses von rechts anbringen.

4. Das zweite Klappenteil (C) rechts auf rechts an den Seiten und der Rundung entlang der Paspelnaht festnähen. Durch die obere Öffnung wenden und von rechts entlang der Paspel knappkantig absteppen. Die offene Kante mit Zickzackstich versäubern.

5. Die beiden kleinen Klappen (F) wie die große Klappe in Schritt 2 bis 4 beschrieben nähen, jedoch zwei je 22 cm lange Paspelstücke zurechtschneiden und die oberen Teile der Magnetverschlüsse jeweils 2,5 cm vom unteren Rand entfernt anbringen.

Material

- Stoff 1: fester Baumwollstoff mit Ethnomuster, 100 cm x 150 cm
- Vlieseinlage 1: Vlieseline S 320, 23 cm x 32 cm
- Vlieseinlage 2: Volumenvlies H 630, 32 cm x 90 cm
- Pomponpaspel in Grün, 1,5 cm breit, 94 cm lang
- Kordel mit Tassel in Rot, ø 6 mm, 1,15 m
- 3 Magnetverschlüsse, ø 1,8 cm
- 2 Ösen, ø 8 mm

Zuschnitt

Alle Schnittmuster enthalten 1 cm Nahtzugabe. Die Schnittteile C, D, E, F, G und H im Stoffbruch zuschneiden. Alle Markierungen von den Schnittmustern auf die Schnittteile übertragen.

Stoff 1:

2 x Schnittteil A „Vorderteil"
2 x Schnittteil B „Rückteil"
2 x Schnittteil C „Große Klappe"
2 x Schnittteil D „Boden"
4 x Schnittteil E „Aufgesetzte Taschen"
4 x Schnittteil F „Kleine Klappen"
4 x Schnittteil G „Aufgesetzte Taschen Seitenteil"
2 x Schnittteil H „Träger"
1 x Schnittteil I „Griff"

Vlieseinlage 1:

1x Schnittteil B „Rückteil"
5x Zuschnitt für Verstärkung Magnetverschlüsse und Ösen, 2 cm x 2 cm

Vlieseinlage 2:

1 x Schnittteil A „Vorderteil"
1 x Schnittteil C „Große Klappe"

Schnittmusterbogen 1A, Teile A–I

6. Ein Seitenteil (G) rechts auf rechts an den Seiten und der Unterkante an der aufgesetzten Tasche (E) feststecken und annähen. Den Schritt mit den übrigen Teilen E und G wiederholen.

7. Auf zwei Taschenteile (E) mittig 2,5 cm vom oberen Rand einen Vlieselinezuschnitt zur Verstärkung des Knopfes aufbügeln. Das jeweils andere (untere) Teil der Magnetverschlüsse anbringen.

8. Jeweils ein Taschenteil mit Verschluss und eins ohne rechts auf rechts rundherum zusammennähen, dabei jeweils an der Seite eine Wendeöffnung lassen. Wenden und die Wendeöffnung schließen.

9. Die aufgesetzten Taschen jeweils 1 cm von der Mitte und 1,5 cm von der unteren Kante entfernt auf der rechten Seite des Vorderteils (A) mit Volumenvlies feststecken. Von außen knappkantig annähen.

10. Die kleinen Taschenklappen jeweils rechts auf rechts etwa 1 cm über der Oberkante der aufgesetzten Taschen feststecken, dabei zeigt die versäuberte Kante nach unten, die Klappe nach oben. Die gerade Kante absteppen. Nun die Klappe nach unten klappen und 1 cm von der Klappenansatzkante entfernt absteppen, sodass die Nahtzugabe der ersten Naht darunter verschwindet.

11. Die Ösen mittig nebeneinander und 1,5 cm vom oberen Rand entfernt und den Magnetknopf mittig und 10 cm vom oberen Rand entfernt nach Herstelleranleitung am Vorderteil anbringen.

12. Beim Zuschnitt für den Griff (1) die langen Kanten jeweils 0,5 cm auf links umbügeln. Die langen Seiten links auf links legen und knappkantig absteppen. Die Zuschnitte für die Träger genauso arbeiten.

13. Die Träger rechts auf rechts jeweils 1,5 cm vom seitlichen Rand entfernt an die obere Kante des Rückteils mit Vlieseline legen und innerhalb der Nahtzugabe absteppen, die Träger zeigen dabei nach unten.

14. Den Griff zu einem Bogen legen und die kurzen Kanten mit 8 cm Abstand mittig rechts auf rechts an der oberen Kante des Rückteils feststeppen, der Bogen zeigt dabei in Richtung Taschenmitte.

15. Die große Klappe rechts auf rechts am Rückteil innerhalb der Nahtzugabe festnähen, die Klappe zeigt dabei in Richtung Taschenmitte.

16. Das jeweils andere Ende der Träger 2 cm vom unteren Rand entfernt an den Seitenkanten in einem leicht schrägen Winkel innerhalb der Nahtzugabe annähen.

17. Das Rückteil und das Vorderteil rechts auf rechts an den Seiten zusammennähen. Anschließend das Bodenteil (D) rechts auf rechts an die Unterkante des Rück- und Vorderteils nähen.

18. Für das Innenfutter das Vorderteil (A), Rückteil (B) und den Boden (D) wie in Schritt 17 beschrieben zusammennähen, dabei an einer Seitennaht eine 15 cm lange Wendeöffnung lassen!

19. Das Innenfutter und die Außentasche rechts auf rechts ineinanderschieben, dabei darauf achten, dass jeweils die Seitennähte aufeinandertreffen, und an der Oberkante zusammennähen. Wenden und die Wendeöffnung schließen.

20. Die obere Kante von rechts knappkantig absteppen. Rundherum unterhalb der Ösen einen Tunnelzug für die Kordel nähen. Die Kordel einziehen und am Rückteil mit einigen vertikalen Stichen fixieren.

Material

- Stoff 1: fester Baumwollstoff in Hellrot, 62 cm x 140 cm
- Stoff 2: fester Baumwollstoff in Hellrot, 62 cm x 140 cm
- Stoff 3: fester Baumwollstoff in Dunkelrot, 40 cm x 140 cm
- Vlieseinlage 1: Vlieseline S320, 62 cm x 140 cm
- Vlieseinlage 2: Volumenvlies, 40 cm x 140 cm
- Baumwollgurtband in Braun, 2,5 cm breit, 1,50 m
- 6 D-Ringe, ø 2,5 cm
- 2 Karabinerhaken mit Ring, ø 2,5 cm
- 2 Gurtriegel, ø 2,5 cm

Zuschnitt

Alle Schnittmuster enthalten 1 cm Nahtzugabe. Die Schnitteile C und F im Stoffbruch zuschneiden. Alle Markierungen von den Schnittmustern auf die Schnittteile übertragen.

Stoff 1:

1 x Schnittteil A „Vorderteil"
1 x Schnittteil B „Boden"
1 x Schnittteil F „Rückteil"

Stoff 2:

1 x Schnittteil A „Vorderteil"
1 x Schnittteil B „Boden"
1 x Schnittteil F „Rückteil"

Stoff 3:

1 x Schnittteil C „Vordere Tasche"
1 x Schnittteil D „Blende"
4 x Schnittteil E „Träger"
2 x Schnittteil G „Gurt"
1 x Schnittteil H „Griff"

Vlieseinlage 1:

1 x Zuschnitt für A „Vorderteil", 42 cm x 54 cm
1 x Schnittteil B „Boden"
2 x Schnittteil E „Träger"
1 x Zuschnitt für F „Rückteil", 42 cm x 30 cm

Vlieseinlage 2:

2 x Schnittteil E „Träger"

Schnittmusterbogen 1A, Teile A, B, D, E, F, H
Schnittmusterbogen 1B, Teile C, G

Travel in Red

Größe: 30 cm x 60 cm (eingerollt 45 cm)

✳✳✳

Anleitung

1. Die Zuschnitte aus Vlieseinlage 1 für Vorderteil (A) und Rückteil (F) nach Herstelleranleitung auf die linke Stoffseite der Teile aus Stoff 2 bügeln, dabei die oberen 20 cm Stoff freilassen. Vlieseinlage 1 auf die linke Stoffseite eines Bodenteils (B) aus Stoff 2 und von 2 Trägerteilen (E) aus Stoff 3 bügeln. Auf die beiden anderen Trägerteile (E) aus Stoff 3 Vlieseinlage 2 bügeln.

2. Die vordere Tasche (C) mittig längs links auf links falten. An den kurzen Kanten zusammennähen.

3. Zwei 29 cm lange Stücke Gurtband zuschneiden. Je einen D-Ring aufziehen und das Band an einer Seite 2 x 3 cm umschlagen. Den Umschlag mit einer Rechtecknaht mit zwei Diagonalen fixieren.

4. Die Gurtbänder auf der der vorderen Tasche (C), jeweils 6 cm von der vorderen Mitte entfernt und das Ende ohne D-Ring bündig mit der offenen Kante, mit einer wie in Schritt 3 annähen.

5. Die vordere Tasche auf die rechte Stoffseite des Vorderteils (A) aus Stoff 1, bündig an die untere Kante legen. Die Gurtbänder zeigen nach oben. An beiden Seiten annähen. Eine vertikale Naht in der Mitte der Tasche setzen und je 15 cm links und rechts davon zwei weitere vertikale Nähte aufsteppen, sodass vier Eingrifftaschen entstehen.

6. Den Taschenboden (B) aus Stoff 1 gemäß Markierung rechts auf rechts mit einer langen Seite an die untere Kante des Vorderteils nähen. Dann die kurzen Kanten des Bodens rechts auf rechts auf die überstehenden Kanten des Vorderteils nähen.

7. Zwei 45 cm lange Stücke Gurtband zurechtschneiden. Jeweils einen Karabiner aufziehen und anschließend einen Gurtriegel. Das offene Ende am Karabiner erneut durch den Gurtriegel, unter dem bereits durchgezogenen Gurt durchziehen. Das Ende 4 cm umschlagen und festnähen.

8. Je ein Trägerteil (E) mit Vlieseline und ein Trägerteil mit Volumenvlies rechts auf rechts an den Seitenkanten und der Rundung zusammennähen, dabei die obere Kante offen lassen. Wenden und von rechts knappkantig absteppen. Für die Optik noch zwei Nähte füßchenbreit links und rechts der Mitte setzen.

9. Den Griff (H) an den langen Kanten 0,5 cm auf links umbügeln, links auf links zusammenfalten und von rechts an der offenen Kante knappkantig absteppen.

10. Die langen Kanten der Blende (D) 1 cm auf links umbügeln. Die Blende 18 cm vom oberen Rand entfernt auf die rechte Stoffseite des Rückteils (F) aus Stoff 1 legen, die umgebügelten Kanten liegen innen. Mit Stecknadeln fixieren.

11. Die Träger mit der offenen Kante jeweils 6 cm vom seitlichen Rand 5 cm unter die Blende schieben, sodass sie rechts auf rechts auf dem Rückteil liegen. Die beiden Gurtbänder mit dem offenen Ende jeweils 5,5 cm vom seitlichen Rand entfernt zwischen Rückteil und Träger unter die Blende schieben. Den Griff zu einem Bogen legen und mit den offenen Kanten zwischen den Trägern unter die Blende schieben. Die Kanten der Blende knappkantig absteppen, dabei alle Teile mitfassen.

12. Die Gurtteile (G) jeweils in 1 x 36 cm und 1 x 12 cm lange Stücke schneiden. Jeweils die langen Kanten 0,5 cm auf links umbügeln. Die Teile längs mittig links auf links falten und an den umgebügelten Kanten knappkantig absteppen.

13. Auf die kurzen Gurtstücke jeweils zwei D-Ringe ziehen. Die kurzen Kanten aufeinanderlegen und am unteren Ende der Träger festnähen (Rechteck mit Diagonalen). Die beiden übrigen Gurtteile jeweils rechts auf rechts 4 cm vom unteren Rand entfernt in einem leicht schrägen Winkel (die Gurtteile zeigen Richtung Taschenmitte und leicht schräg nach oben) an den beiden Seitenkanten des Rückteils innerhalb der Nahtzugabe festnähen.

14. Rückteil und Vorderteil mit Boden rechts auf rechts an der Unterkante und den Seiten zusammennähen.

15. Für das Innenfutter den Boden (B) aus Stoff 2 wie in Schritt 6 beschrieben an das Vorderteil aus Stoff 2 nähen. Anschließend das Rückteil aus Stoff 2 rechts auf rechts wie in Schritt 14 beschrieben annähen, dabei eine Wendeöffnung lassen.

16. Außentasche und Innenfutter rechts auf rechts ineinanderschieben und an der Oberkante absteppen. Wenden, die Wendeöffnung schließen und die Oberkante von außen knappkantig absteppen.

Shopper

„Hier geht's lang!", das sagt die selbstbewusste Trägerin eines Shoppers
und das sagt auch jede der fünf folgenden Modelle. Ein Shopper ist der perfekte
Allrounder für die aufgeschlossene Trägerin: er bietet viel Platz um die wichtigen
und unverzichtbaren Dinge mitzunehmen und sieht dabei richtig gut aus.
Mit einem Shopper ist die Trägerin für jede Situation gerüstet – auch für einen
spontanen Einkauf, denn diese Tasche kann so einiges mitmachen.

Black Step

Größe: 40 cm x 30 cm (ohne Träger)

✳✳✳

Anleitung

1. 35 cm des Reißverschlusses zurechtschneiden und den Reißverschluss trennen. Die beiden Reißverschlussstreifen jeweils rechts und links an den langen Seitenkanten bis hin zur Spitze der aufgesetzten Tasche (B) aus Stoff 1 als Deko festnähen. Dazu die Reißverschlussstoffkante bündig an die Außenkante der Tasche legen und mit Stecknadeln fixieren. Die Reißverschlussstreifen müssen etwas über die Spitze der Tasche hinaus ragen, so dass sie im nächsten Schritt nach dem Zusammennähen der beiden Schnittteile in der Tasche verschwinden.

2. Die beiden Schnittteile der aufgesetzten Tasche (B) rechts auf rechts rundherum zusammensteppen, dabei über den Reißverschluss nähen und an der kurzen geraden Seite eine Wendeöffnung lassen.

Material

- Stoff 1: Steppstoff in Dunkelgrau, 40 cm x 130 cm
- Stoff 2: Steppstoff in Mittelgrau, 40 cm x 130 cm
- metallisierter Reißverschluss, 80 cm lang
- Zipper
- 2 Taschengriffe in Schwarz, 60 cm lang

Hinweis: Verwenden Sie einen metallisierten oder einen Kunststoffreißverschluss, da über einen Metallreißverschluss nicht genäht werden kann.

Zuschnitt

Die Schnittmuster enthalten 1 cm Nahtzugabe. Schnittteil A im Stoffbruch zuschneiden. Alle Markierungen von den Schnittmustern auf die Schnittteile übertragen.

Stoff 1:

2 x Schnittteil A „Außen- und Innentasche"
1 x Schnittteil B „Aufgesetzte Tasche"

Stoff 2:

2 x Schnittteil A „Außen- und Innentasche"
1 x Schnittteil B „aufgesetzte Tasche"

Schnittmusterbogen 1B, Teile A und B

3. Die Nahtzugabe einkürzen, an den Enden abschrägen und die Tasche durch die Wendeöffnung wenden. Vorsichtig bügeln und die Seitenkanten sowie die Spitze knappkantig von rechts absteppen.

4. Die aufgesetzte Tasche gemäß Markierung auf der Vorderseite der Außentasche fixieren und die Unterkante sowie die Seiten bis zur Umbruchkante knappkantig feststeppen.

5. Die Spitze entlang der Umbruchkante umklappen und von Hand mit einigen Stichen unsichtbar an der aufgesetzten Tasche fixieren. Den Zipper von Hand an der Spitze der Tasche als Deko befestigen.

6. Ein Taschenteil (A) aus Stoff 1 und ein Taschenteil aus Stoff 2 rechts auf rechts legen. An der Oberkante den übrigen Reißverschluss zwischen den Stofflagen feststecken, dabei liegt der Zipper auf dem Außentaschenteil und der Reißverschluss zeigt in die Tasche. Die drei Teile zusammensteppen, dabei am Anfang und am Ende der Naht je 1 cm offen lassen. Die Taschenteile zurückklappen und von rechts absteppen, dabei die Naht am Anfang und am Ende wieder je 1 cm offen lassen. Die beiden anderen Taschenteile genauso an den Reißverschluss nähen.

7. Den Reißverschluss öffnen. Jeweils die Außentaschenteile rechts auf rechts und die Innenfutterteile rechts auf rechts aufeinanderlegen. Die Außentaschenteile sowie das Innenfutter an den Seiten zusammennähen, anschließend den Boden der Außentasche und des Innenfutters schließen, dabei beim Innenfutter eine 10 cm lange Wendeöffnung lassen und die vier inneren Ecken an der Unterkante aussparen.

8. Die inneren Ecken auseinanderziehen, jeweils die Bodennaht bündig auf die Seitennaht legen und die Ecken abnähen (siehe S. 16, Schritt 11). Das Innenfutter genauso arbeiten. Die Tasche wenden und die Wendeöffnung schließen.

9. Die Träger von Hand durch die vorgestanzten Löcher an den Enden auf die Tasche nähen.

Brownie

Größe: 40 cm x 38 cm (ohne Träger)

Anleitung

1. Die Abnäher an Außentasche und Innenfutter nähen, dazu die Schnittteile in der Mitte des Abnähers rechts auf rechts falten, so dass die Nahtlinien des Abnähers aufeinanderliegen. Entlang der Nahtlinien bis zur Spitze zusammensteppen.

2. Für die Außentasche die beiden Taschenteile aus Stoff 1 rechts auf rechts legen und die Seiten sowie den Boden zusammennähen. Das Innenfutter aus Stoff 2 genauso arbeiten, dabei jedoch an der Unterkante eine 15 cm lange Wendeöffnung lassen.

3. Die Außentasche auf links, das Innenfutter auf rechts legen und die beiden Taschenbeutel rechts auf rechts ineinanderschieben. An der Oberkante rundherum zusammennähen. Die Nahtzugabe vorsichtig einkürzen, an den Ecken abschrägen, und die Tasche wenden. Die Oberkante bügeln, dabei ein Baumwolltuch über die Tasche legen. Anschließend knappkantig absteppen.

4. Durch die Wendeöffnung auf jeder Seite mittig an der Oberkante drei Deko-Nieten nach Herstelleranleitung befestigen. Die Wendeöffnung von Hand schließen.

Material

- Stoff 1: Kunstleder in Braun, 40 cm x 90 cm
- Stoff 2: Kunstleder in Silber, 40 cm x 90 cm
- 2 Kunstledertaschengriffe mit Karabinern in Braun, 48 cm lang
- 4 Hohlnieten in Silberfarben, ø 7,5 mm
- 6 Dekonieten „Dreieck" in Silberfarben, 1 cm hoch
- 4 D-Ringe in Silber, ø 3 cm

Zuschnitt

Die Schnittmuster enthalten 1 cm Nahtzugabe. Schnitteil A im Stoffbruch zuschneiden. Alle Markierungen von dem Schnittmuster auf die Schnittteile übertragen.

Stoff 1:

2 x Schnittteil A „Außen- und Innentasche"

Stoff 2:

2 x Schnittteil A „Außen- und Innentasche"

Schnittmusterbogen 1B, Teil A

5. Die D-Ringe auf die Trägerenden der Tasche fädeln. Die Enden 3 cm nach innen klappen und den Umschlag mit einer Hohlniete nach Herstelleranleitung fixieren.

6. Die fertigen Taschenträger mit den Karabinern an den D-Ringen befestigen.

Tipp:

Wenn Sie die Tasche nicht aus Kunstleder nähen, sollten Sie den Oberstoff mit Vlieseline (z. B. S 320) verstärken. Schnittteil A aus Vlieseline zuschneiden und vor dem Nähen nach Herstelleranleitung auf die linke Stoffseite aufbügeln.

Sternenhimmel

Größe: 40 cm x 45 cm
(ohne Träger)

✶✶✶

Anleitung

1. Vlieseinlage 1 nach Herstelleranleitung jeweils auf die linke Stoffseite aller Teile aus Stoff 1 bügeln. Vlieseinlage 2 nach Herstelleranleitung jeweils auf die linke Stoffseite aller Teile aus Stoff 2 bügeln.

2. Die Schnittteile der aufgesetzten Tasche (B) aus Stoff 1 und 2 rechts auf rechts legen. Einen 49 cm langen Streifen der Paspel zurechtschneiden und an der Taschenoberkante zwischen die Stofflagen stecken, dabei zeigt die Paspel nach innen, der flache Stoffstreifen liegt bündig an der Stoffkante. Die Taschenteile an der Ober- und Unterkante zusammensteppen. Das Teil wenden, bügeln und die Oberkante knappkantig absteppen.

3. Die aufgesetzte Tasche gemäß Markierung auf der Vorderseite der Außentasche (A) fixieren und an der Unterkante feststeppen. Anschließend die Taschenoberkante mit einer jeweils 10 cm langen Steppnaht rechts und links festnähen, so dass mittig ein ca. 30 cm langer Eingriff bleibt.

Material

- Stoff 1: Baumwollstoff in Blau mit Sternen in Weiß, 85 cm x 100 cm
- Stoff 2: Baumwollstoff in Blau, 85 cm x 100 cm
- Vlieseinlage 1: Vlieseline S 320, 85 cm x 100 cm
- Vlieseinlage 2: Volumenvlies H 630, 85 cm x 100 cm
- Paspel in Silber, 2,20 m lang
- Druckknopf, ø 1,5 cm
- Stern in Silber zum Aufbügeln, 4 cm hoch

Zuschnitt

Die Schnittmuster enthalten 1 cm Nahtzugabe. Schnittteile A–C im Stoffbruch zuschneiden. Alle Markierungen von den Schnittmustern auf die Schnittteile übertragen.

Stoff 1:

2 x Schnittteil A „Außen- und Innentasche"
1 x Schnittteil B „Aufgesetzte Tasche"
1 x Schnittteil C „Klappe"
2 x Zuschnitt Träger, 5 cm x 75 cm

Stoff 2:

2 x Schnittteil A „Außen- und Innentasche"
1 x Schnittteil B „Aufgesetzte Tasche"
1 x Schnittteil C „Klappe"
2 x Zuschnitt Träger, 5 cm x 75 cm

Vlieseinlage 1:

2 x Schnittteil A „Außen- und Innentasche"
1 x Schnittteil B „Aufgesetzte Tasche"
1 x Schnittteil C „Klappe"
4 x Zuschnitt Träger 5 x 75 cm

Vlieseinlage 2:

2 x Schnittteil A „Außen- und Innentasche"
1 x Schnittteil B „Aufgesetzte Tasche"
1 x Schnittteil C „Klappe"

Schnittmusterbogen 1B, Teil A–C

4. Die beiden Taschenklappen (C) rechts auf rechts legen, dazwischen ein Paspelband stecken und an den beiden Seiten und der Rundung zusammensteppen. Die Nahtzugabe kürzen, die Klappe wenden, bügeln und knappkantig an den drei genähten Kanten absteppen.

5. Die Klappe rechts auf rechts 1 cm oberhalb der aufgesetzten Tasche mittig auf der Taschenvorderseite fixieren, die Lasche zeigt dabei nach oben, und die Klappenunterkante knappkantig feststeppen. Die Klappe nach unten klappen und von rechts knapp unterhalb der gerade gesetzten Steppnaht feststeppen, so dass die Nahtzugabe darunter verschwindet.

6. Den Stern gemäß Markierung auf die Lasche bügeln und darüber den Druckknopf nach Herstelleranleitung anbringen. Das Gegenstück des Druckknopfes passend an der aufgesetzten Tasche anbringen.

7. Je einen Träger aus Stoff 1 und aus Stoff 2 rechts auf rechts an den langen Kanten zusammennähen. Wenden, bügeln und die langen Kanten knappkantig absteppen.

8. Die beiden Teile der Außentasche (A) rechts auf rechts an den Seiten sowie am Boden zusammennähen, dabei die inneren Ecken an der Unterkante aussparen. Nun die Ecken auseinanderziehen und jeweils die Bodennaht bündig auf die Seitennaht legen und die Ecken abnähen (siehe S. 16, Schritt 11). Das Innenfutter genauso arbeiten, jedoch an der Unterkante eine 15 cm lange Wendeöffnung lassen.

9. Ein 1,10 m langes Paspelband zurechtschneiden und auf der linken Stoffseite rundherum an der Taschenoberkante fixieren. Dabei liegt die Paspel in Richtung Tasche, die Kanten des Paspelbands an der Taschenoberkante.

10. Die Träger an der Oberkante der Außentasche gemäß Markierung fixieren, dabei liegen die kurzen offenen Seiten bündig an der Stoffkante, der Träger zeigt zum Taschenboden.

11. Die Außentasche und das Innenfutter rechts auf rechts ineinanderschieben und an der Taschenoberkante rundherum zusammennähen. Die Nahtzugabe vorsichtig einkürzen, die Ecken abschrägen und die Tasche wenden. Die Oberkante bügeln und knappkantig absteppen. Die Wendeöffnung schließen.

Apfelliebe

Größe: 38 cm x 50 cm (ohne Träger)

***

Material

- Stoff 1: Baumwollstoff in Grün mit weißen Äpfeln, 35 cm x 120 cm
- Stoff 2: Baumwollstoff in Grün, 60 cm x 100 cm
- Vlieseinlage: Vlieseline Style-Vil, 40 cm x 100 cm
- magnetischer Taschenverschluss
- 2 durchsichtige Kunststofftaschengriffe, 15 cm breit am Ansatz
- 4 KamSnaps „Apfel"
- Webband in Grün-Weiß mit Äpfeln, 1,2 cm breit, 4 x 30 cm lang

Zuschnitt

Die Schnittmuster enthalten 1 cm Nahtzugabe. Schnittteile A–C im Stoffbruch zuschneiden. Die Vlieseinlage gemäß Markierung in Schnittteil C zuschneiden. Alle Markierungen von den Schnittmustern auf die Schnittteile übertragen.

Stoff 1:
2 x Schnittteil A „Außentasche Unterteil"

Stoff 2:
2 x Schnittteil B „Außentasche Oberteil"
2 x Schnittteil C „Innentasche"

Vlieseinlage:
2 x Schnittteil C „Innentasche" (gemäß Markierung)

Schnittmusterbogen 1A, Teile A–C

Anleitung

1. Die Kellerfalte am Unterteil der Außentasche (A) legen, dazu zunächst die Markierungen auf die linke Stoffseite übertragen. Das Schnittteil entlang der Mittellinie rechts auf rechts in den Stoffbruch legen. Die beiden äußeren Markierungen aufeinanderlegen und mit einigen Stichen in der Nahtzugabe absteppen. Die entstandene Kellerfalte gleichmäßig nach links und rechts legen und in der Nahtzugabe mit einigen Stichen fixieren, damit sie bei der weiteren Verarbeitung nicht verrutscht.

2. Die vier Webbänder links auf links zur Hälfte falten, sodass vier 15 cm lange Teile entstehen, und knappkantig rechts und links absteppen. Die Webbänder jeweils gemäß Markierung mit der Schnittkante bündig an die Oberkante der Außentaschenunterteile (A) legen. In der Nahtzugabe mit einigen Stichen fixieren.

3. Jeweils die Unterkante der Außentaschenoberteile rechts auf rechts an die Oberkante der Außentaschenunterteils steppen. Die Nahtzugabe einkürzen, bügeln und die Naht von rechts nochmals knappkantig absteppen.

4. Die beiden Teile der Außentasche rechts auf rechts am Boden sowie an den Seiten bis zum Ansatz des Außentaschenoberteils zusammennähen. Das Innenfutter (C) und die beiden Vlieseinlagenteile rechts auf rechts bis zur Markierung „Naht" zusammennähen, dabei beim Innenfutter an der Unterkante eine 20 cm lange Wendeöffnung lassen.

5. Außentasche und Innenfutter rechts auf rechts ineinanderschieben und an der Oberkante rundherum zusammennähen. Die Nahtzugabe vorsichtig einkürzen und die Tasche wenden. Die Oberkante vorsichtig bügeln.

6. Durch die Wendeöffnung im Innenfutter den Vlieselinebeutel in die Tasche schieben und platzieren. Der Beutel sollte auf Spannung sitzen, sich jedoch nicht wellen, ggf. die Nahtzugabe noch etwas mehr zurückschneiden und erneut platzieren.

7. Den magnetischen Taschenverschluss durch die Wendeöffnung gemäß Markierung platzieren und befestigen. Die Wendeöffnung schließen.

8. Die Webbänder durch die Griffenden fädeln, jeweils 6 cm umschlagen und den Umschlag mit einem KamSnap nach Herstelleranleitung fixieren.

Mademoiselle Rouge

Größe: 38 cm x 32 cm (ohne Träger)

✳✳✳

Anleitung

1. Die Vlieseinlage auf die linken Stoffseiten der Schnittteile für die Außentasche (A), einen Trägerzuschnitt sowie zwei Schlaufenzuschnitte nach Herstelleranleitung aufbügeln.

2. Die Abnäher an Außentasche und Innentasche nähen, dazu die Schnittteile in der Mitte des Abnähers rechts auf rechts falten, so dass die Nahtlinien des Abnähers aufeinanderliegen. Entlang der Nahtlinien bis zur Spitze zusammensteppen

3. Die langen Kanten des Ösenstreifens jeweils 1 cm auf links bügeln. Den Ösenstreifen gemäß Markierung jeweils auf der rechten Stoffseite der Außentaschenteile feststeppen. Die Ösen gemäß Makierungen nach Herstelleranleitung einschlagen.

4. Die beiden Trägerzuschnitte rechts auf rechts rundherum zusammennähen, dabei an einer langen Seite eine 8 cm Wendeöffnung lassen. Die Nahtzugabe einkürzen und an den Ecken schräg zurückschneiden. Den Träger wenden, bügeln und knappkantig rundherum absteppen, dabei die Wendeöffnung schließen.

Material

- Stoff 1: Baumwollstoff in Rot/Orange/Rosa-Weiß gemustert, 45 cm x 85 cm
- Stoff 2: Baumwollstoff in Rot, 10 cm x 40 cm
- Stoff 3: Baumwollstoff in Rot/Orange/Rosa-Weiß gemustert, 45 cm x 85 cm
- Vlieseinlage: Volumenvlies H 630, 50 cm x 85 cm
- 8 Ösen in Goldfarben, ø 1 cm
- Lederband in Orange und in Rot, 2 mm breit, je 1 m lang
- Quasten, 2 x in Rot, 2 x in Pink, 6 cm lang
- Kordelstopper in Goldfarben
- 2 Verschlussschnallen in Messingfarben, 3,6 cm x 10,5 cm

Zuschnitt

Die Schnittmuster und die Zuschnittmaße enthalten 1 cm Nahtzugabe. Schnittteil A im Stoffbruch zuschneiden. Alle Markierungen vom Schnittmuster auf die Schnittteile übertragen.

Stoff 1:
2 x Schnittteil A „Außen- und Innentasche"
2 x Zuschnitt für Träger, 5 cm x 60 cm
4 x Zuschnitt für Schlaufe, 5 cm x 40 cm

Stoff 2:
2 x Zuschnitt für Ösenstreifen, 5 cm x 10 cm

Stoff 3:
2 x Schnittteil A „Außen- und Innentasche"

Vlieseinlage:
2 x Schnittteil A „Außen- und Innentasche"
1 x Zuschnitt für Träger 5 cm x 60 cm
2 x Zuschnitt für Schlaufen 5 x 10 cm

Schnittmusterbogen 1B, Teil A

5. Je einen Schlaufenzuschnitt mit und einen ohne Vlieseinlage rechts auf rechts an den langen Seitenkanten zusammennähen. Wenden, bügeln und die langen Kanten knappkantig absteppen.

6. Die Außentaschenteile (A) aus Stoff 1 rechts auf rechts an den Seiten sowie am Boden zusammennähen. Für das Innenfutter die Taschenteile A aus Stoff 3 ebenso arbeiten, dabei jedoch an der Unterkante eine 15 cm lange Wendeöffnung lassen.

7. Je einen Taschenring der Verschlussschnalle auf eine Schlaufe fädeln. Die Schlaufenenden bündig aufeinanderlegen und jeweils an den Seiten der Außentasche auf der Seitennaht bündig mit der Taschenoberkante fixieren. Der Taschenring zeigt dabei in Richtung Tasche.

8. Die Außentasche und das Innenfutter rechts auf rechts ineinanderschieben. Die beiden Teile an der Oberkante rundherum zusammennähen. Die Nahtzugabe vorsichtig einkürzen und die Taschen durch die Wendeöffnung wenden. Die Oberkante bügeln. Anschließend knappkantig absteppen.

9. Durch die Wendeöffnung die Lederbänder einführen und durch die Ösen ziehen. Die Enden mit dem Kordelstopper sichern und die Quasten anbringen. Anschließend die Wendeöffnung schließen.

10. Den Träger auf beiden Seiten in den jeweils anderen Taschenring der Verschlussschnalle fädeln. Die Enden 5 cm umschlagen und feststeppen.

Tote-Bag

Eine Frau mit einer Tote-Bag ist praktisch veranlagt – und liebt es locker und leger. Die Tote-Bag ist der perfekte Begleiter für sie, denn sie ist ein Platzwunder und mit ihrer gradlinigen Form drängen sie sich nicht auf. Die Tote-Bag ist im wahrsten Sinn des Wortes eine Handtasche, denn die Henkel sind kurz, sodass die Tasche gern am Arm oder in der Hand getragen werden möchte.

Straight Cut

Größe: 35 cm x 40 cm

✳✳✳

Anleitung

1. Die Oberkante der beiden oberen Taschenteile (A) an der Faltlinie nach links umbügeln. Das Taschengurtband gemäß Markierung jeweils auf die jeweils rechte Stoffseite der beiden oberen Taschenteile steppen.

2. Das weiße Paspelband mit der offenen Kante an der Oberkante der beiden unteren Taschenteile (die Paspel liegt in Richtung Taschenteil) mit 1 cm Nahtzugabe annähen. Es entsteht eine 3 mm breite Paspel.

3. Das obere Taschenvorderteil an der Schrägkante rechts auf rechts auf das untere Vorderteil an der Schräge nähen. Dabei darauf achten, dass das Paspelband auf der rechten Stoffseite gleichmäßig sichtbar ist. Den Schritt für die rückwärtigen Taschenteile wiederholen.

4. Die Vlieseinlage (F) auf die linke Stoffseite des Taschenbodens (C) aus Stoff 1 bügeln und anschließend rundherum knappkantig absteppen.

Material

- Stoff 1: Jeansstoff in Grau, 55 cm x 150 cm
- Stoff 2: Baumwollstoff in Grau, 50 cm x 150 cm
- Vlieseinlage: Decovil I, 30 cm x 20 cm
- Taschengurtband in Grau-Weiß-Neongrün gestreift, 4 cm breit, 2 x 75 cm
- Paspelband mit Seele in Weiß, 80 cm, 1,3 cm breit

Zuschnitt

Die Schnittmuster enthalten 1 cm Nahtzugabe. Alle Markierungen vom Schnittmuster auf die Schnittteile übertragen.

Stoff 1:

2 x Schnittteil A „oberes Taschenteil" (1 x normal, 1 x spiegelverkehrt auflegen)
2 x Schnittteil B „unteres Taschenteil" (1 x normal, 1 x spiegelverkehrt auflegen)
1 x Schnittteil C „Taschenboden"

Stoff 2:

2 x Schnittteil D „Futter"
1 x Schnittteil E „Innentasche"
1 x Schnittteil C „Taschenboden"

Vlieseinlage:

1 x Schnittteil F „Bodenverstärkung"
Schnittmusterbogen 1A, Teile A–F

5. Das vordere und das rückwärtige Taschenteil rechts auf rechts aufeinanderlegen und an den Seiten zusammennähen.

6. Den Taschenboden (C) aus Stoff 1 rechts auf rechts an die Unterkante der Tasche stecken. Dabei darauf achten, dass die Markierungen genau aufeinandertreffen. Zuerst die Seitennähte jeweils auf die seitlichen Markierungen des Taschenbodens stecken. Anschließend die „Mitte"-Markierungen aufeinanderstecken, zum Schluss die Markierungen dazwischen. Den Taschenboden an die Taschenunterkante heften und anschließend mit der Nähmaschine beide Lagen zusammennähen.

7. Die Innentasche (E) an der Faltlinie links auf links legen und bügeln. Die Seiten mit 5 mm Nahtzugabe zusammennähen und versäubern. Die Nahtzugaben 1 cm umbügeln. Die Innentasche gemäß Markierung mit der schönen Kante nach oben auf das rückwärtige Futterteil (D) aus Stoff 2 heften und anschließend knappkantig mit der Nähmaschine aufsteppen.

8. Die Futterteile (D) rechts auf rechts aufeinanderlegen und an den Seiten zusammennähen, dabei eine Öffnung zum Wenden der Tasche lassen. Den Taschenboden aus Stoff 2 wie in Schritt 6 beschrieben in die Futtertasche einnähen.

9. Die Tasche ist auf rechts, die Futtertasche ist auf links gewendet. Die Tasche in die Futtertasche hineinschieben und die beiden Teile an der Taschenoberkante zusammennähen. Die Tasche durch die Wendeöffnung wenden und die Wendeöffnung schließen.

10. An der Oberkante der Tasche mit wenigen Maschinenstichen über die Seitennähte nähen und Anfang und Ende der Naht gut verriegeln, damit das Futter nicht herausrutscht

Colorblocking

Größe: 35 cm x 15 cm

✳✳✳

Material

- Stoff 1: Kunstleder in Beige, 30 cm x 150 cm
- Stoff 2: Kunstleder in Mittelbraun, 20 cm x 150 cm
- Stoff 3: Kunstleder in Braun, 40 cm x 150 cm
- Stoff 4: Baumwollstoff in Dunkelbraun, 50 cm x 150 cm
- Vlieseinlage: Decovil I, 40 cm x 15 cm
- 2 Henkel in Braun

Zuschnitt

Die Schnittteile enthalten 1 cm Nahtzugabe. Alle Markierungen von den Schnittmustern auf die Schnittteile übertragen.

Stoff 1:

2 x Schnittteil A „Oberes Taschenteil"
2 x Schnittteil B „Oberes Seitenteil"
2 x Schnittteil C „Taschenblende innen"
2 x Schnittteil D „Taschenblende Seite"

Stoff 2:

2 x Schnittteil E „Mittleres Taschenteil"
2 x Schnittteil F „Mittleres Seitenteil"

Stoff 3:

2 x Schnittteil G „Unteres Taschenteil"
2 x Schnittteil H „Unteres Seitenteil"
1 x Schnittteil I „Taschenboden"

Stoff 4:

2 x Schnittteil J „Taschenfutter"
1 x Schnittteil I „Taschenboden"

Vlieseinlage:

1 x Schnittteil K „Bodenverstärkung"
Schnittmusterbogen 2A. Teil J
Schnittmusterbogen 2B, Teil A–I und K

Anleitung

1. Die unteren Taschenteile (G) jeweils rechts auf rechts an die mittleren Taschenteile (E) nähen. Die Markierungen treffen aufeinander. Da Kunstleder nicht gebügelt werden sollte, die Nahtzugaben auseinanderlegen und die Naht auf der rechten Seite mit einem Zierstich nach Wunsch (z. B. Zickzackstich) in Überstichbreite übernähen, sodass beide Seiten der Nahtzugabe mitgenäht werden und schön flach liegen.

2. Die mittleren Taschenteile wie in Schritt 1 beschrieben jeweils an die oberen Taschenteile (A) nähen.

3. Die oberen, mittleren und unteren Seitenteile (B, F, H) jeweils wie in Schritt 1 und 2 für die Taschenteile beschrieben zusammennähen.

4. Die Taschenteile mit den Seitenteilen zusammen- nähen. Dazu zunächst ein Seitenteil rechts auf rechts an das vordere Taschenteil bis zur Punkt- markierung an der Unterkante nähen. Das übrige Stück Naht bleibt offen und erleichtert später das Einsetzen des Taschenbodens. Anschließend das zweite Seitenteil rechts auf rechts genauso an die andere Seite des vorderen Taschenteils nähen. Nun das hintere Taschenteil an ein Seitenteil nähen. An den Längsnähten wie in Schritt 1 be- schrieben eine Ziernaht setzen. Zum Schluss die letzte Naht zwischen Taschen- und Seitenteil schließen, sodass ein Beutel entsteht, der im Moment noch ohne Boden ist. Die Nahtzugaben der letzten Naht auseinanderlegen und mit einer Ziernaht versehen.

5. Die Vlieseinlage auf die linke Seite des Taschen- bodens aus Kunstleder auflegen und mit dem Bügeleisen nach Herstellerangabe fixieren. An- schließend die Vlieseinlage rundherum einmal knappkantig absteppen.

6. Den Taschenboden rechts auf rechts an das untere Taschenteil legen und von der Punktmarkierung bis zum Ende des Seitenteils heften und zusammennä- hen. Anschließend die Unterkanten des Seitenteils rechts auf rechts mit dem Taschenboden zusammen- nähen. Die Tasche wenden.

7. Die beiden Taschenfutterteile rechts auf rechts aufeinanderlegen und an der unteren Kante zusam- mennähen. Die Nahtzugabe auseinanderbügeln. Anschließend die beiden Seitenkanten rechts auf rechts zusammennähen, dabei die inneren Ecken eine Öffnung zum Wenden frei lassen. Die Nahtzu- gaben auseinanderbügeln.

8. Für die Ecken am Boden des Futters die Seitennaht jeweils auf die Bodennaht legen und die Ecken abnähen (siehe Seite 16, Schritt 11).

9. Die innere und die seitliche Taschenblende rechts auf rechts aufeinanderlegen und an der kurzen Seite gemäß Markierung zusammennähen. Die übrigen Nähte genauso schließen, sodass ein Ring entsteht. Die Nahtzugaben auseinanderlegen und mit einem Zierstich übernähen.

10. Die Taschenblende ist auf links, die Tasche auf rechts gewendet. Die Taschenblende über die Tasche schieben und die beiden Teile an der Taschenober- kante zusammennähen. Die Nahtzugaben auseinan- derlegen und mit einem Ziersteppp übersteppen. Die Taschenblende in das Innere der Tasche legen und die Taschenoberkante knappkantig absteppen.

11. Die Tasche ist auf rechts, die Futtertasche auf links gewendet. Die Tasche in die Futtertasche hineinschieben und beide Teile an der Oberkante der inneren Taschenblende zusammennähen. Die Tasche durch die Wendeöffnung wenden und die Wendeöffnung schließen.

12. Die Henkel gemäß Markierung auf die Taschen nähen. Die Nähte gut verriegeln, damit die Henkel stabil sind.

Petit Bleu

Größe: 30 cm x 35 cm

✳✳✳

Material

- Stoff 1: Taschenwollfilz in Hellblau, 3–4 mm stark, 60 cm x 40 cm
- Stoff 2: Taschenwollfilz in Dunkelblau, 3–4 mm stark, 40 cm x 40 cm
- Nähgarn in Blau
- 2 Blumenapplikationen, 3–4 cm hoch

Zuschnitt

Die Schnittmuster enthalten 0,5 cm Nahtzugabe. Alle Markierungen von den Schnittmustern auf die Schnittteile übertragen.

Stoff 1:

2 x Schnittteil A „Tasche"

Stoff 2:

2 x Schnittteil B „Träger"

Schnittmusterbogen 2A, Teile A und B

Anleitung

1. Die Aussparung für den Griff an den Trägerteilen (B) rundherum knappkantig (im Abstand von 3 mm zum Rand) absteppen. Die Naht anschließend noch einmal nachnähen, dadurch bekommen die Träger mehr Stabilität. Die obere Kante der Trägerteile ebenfalls knappkantig absteppen.

2. Die Applikationen nach Bügelanleitung auf das vordere Taschenteil (A) aufbügeln und anschließend mit kleinen Stichen aufnähen.

3. An der oberen Kante des vorderen Taschenteils mit 1 cm Abstand zur Kante eine Linie auf die rechte Stoffseite zeichnen (Anzeichenlinie). Die untere Kante des Trägerteils mit der linken Stoffseite auf der angezeichneten Linie feststecken. Die beiden Teile mit 5 mm Abstand von der unteren Stoffkante des Trägerteils zusammensteppen. Den Schritt für das rückwärtige Taschenteil wiederholen.

4. Vorderes und rückwärtiges Taschenteil links auf links aufeinanderlegen und an der Außenkante mit 3 mm Abstand zur Kante zusammennähen. Anfang und Ende der Naht verriegeln.

Double-Sized

Größe: 40 cm x 32 cm (43 cm)

✳ ✳ ✳

Anleitung

1. Das untere Taschenteil (B) rechts auf rechts aufeinanderlegen und an der langen unteren Kante zusammennähen. Die Nahtzugaben auseinanderbügeln.

2. Die Bodenverstärkung (F) mittig auf die Nahtzugabe des Taschenbodens auf links aufbügeln und die Kanten rundherum absteppen.

3. Die unteren (B), oberen (A) und des mittleren (C) Taschenteile jeweils rechts auf rechts legen und die Seitennähte schließen dabei am unteren Taschenteil die inneren Ecken offen lassen. Die Nahtzugaben auseinanderbügeln.

4. Die inneren Ecken am Boden des Beutels abnähen, dazu die Seitennaht auf die Bodennaht legen und die Ecken abnähen (siehe Seite 16, Schnitt 11). Den Beutel wenden und die Ecken herausdrücken.

Material

- Stoff 1: Baumwollstoff in Grün-Weiß gemustert, 50 cm x 140 cm
- Stoff 2: Baumwollstoff in Dunkelgrün, 50 cm x 30 cm
- Vlieseinlage: Decovil I, 35 cm x 15 cm
- teilbarer Reißverschluss, 80 cm lang

Zuschnitt

Die Schnittmuster enthalten 1 cm Nahtzugabe. Alle Markierungen vom Schnittmuster auf die Schnittteile übertragen.

Stoff 1:
2 x Schnittteil A „Oberes Taschenteil"
2 x Schnittteil B „Unteres Taschenteil"
2 x Schnittteil C „Mittleres Taschenteil"
2 x Schnittteil D „Träger"

Stoff 2:
2 x Schnittteil E „Futter"

Vlieseinlage:
1 x Schnittteil F „Bodenverstärkung"
Schnittmusterbogen 2B, Teile A–F

5. Den Reißverschluss öffnen und in 2 Teile teilen. Die eine Seite des Reißverschlusses rechts auf rechts an die obere Kante des unteren Taschenteils heften, dabei liegen die Zähnchen des Reißverschlusses in Richtung des Schnittteils und die Kante des Reißverschlussbandes liegt bündig an der Schnittkante. Darauf achten, dass Anfang und Ende des Reißverschlusses an der Markierung anliegt. Die Reißverschlusshälfte annähen.

6. Die andere Seite des Reißverschlusses wie in Schritt 5 beschrieben an die Unterkante des oberen Taschenteils nähen. Zwischendurch ausprobieren, ob sich der Reißverschluss schließen lässt.

7. Das mittlere Taschenteil rechts auf rechts an die Oberkante des unteren Taschenteils heften. Darauf achten, dass Seitennähte und Markierungen aufeinandertreffen. Die Teile neben dem Reißverschluss zusammennähen.

8. Die noch offene Kante des mittleren Taschenteils an die Unterkante des oberen Taschenteils stecken. Dazu vorher den Reißverschluss schließen, dann geht es leichter. Die Naht heften und schließen. Bei geöffnetem Reißverschluss entfaltet sich später das mittlere Taschenteil und gibt dem Beutel mehr Stauraum.

9. Die beiden Futterteile aus Stoff 2 rechts auf rechts aufeinanderlegen und an der unteren Kante zusammennähen. Die Nahtzugabe auseinanderbügeln. Anschließend die Teile rechts auf rechts an den Seiten zusammennähen, dabei an einer Seite eine Öffnung zum Wenden freilassen. Die Nahtzugaben auseinanderbügeln.

10. Die Seitennähte des Futterteils jeweils auf die Bodennaht legen und die Ecken abnähen (siehe Schnitt 4).

11. Die Träger längs mittig rechts auf rechts falten und an der langen Seite zusammennähen. Die Träger auf rechts wenden und bügeln. Anschließend je einen Träger gemäß Markierung rechts auf rechts auf das vordere und das rückwärtige Taschenteil heften, die Träger liegen dabei in Richtung Tasche.

12. Die Tasche ist auf rechts, die Futtertasche ist auf links gewendet. Die Tasche in die Futtertasche hineinschieben und die beiden Teile an der Taschenoberkante zusammennähen. Die Tasche durch die Wendeöffnung wenden und die Wendeöffnung schließen. Die Taschenoberkante bügeln und knappkantig absteppen.

Red Romance

Größe: 31 cm x 33 cm

✳✳✳

Anleitung

1. Die beiden Taschenblenden (C) links auf links wie im Schnittmuster angegeben in den Bruch legen und an der Faltlinie bügeln.

2. Die Falten im vorderen Taschenteil (A) in Pfeilrichtung aufeinanderlegen, heften und anschließend mit der Nähmaschine mit 8 mm Abstand von der Schnittkante zusammennähen.

3. Die Taschenblenden jeweils rechts auf rechts an das vordere und das rückwärtige (B) Taschenteil nähen, dabei auf die Innen- und Außenseite der Blende achten. Die Nahtzugaben nach oben bügeln.

4. Vorderteil und Rückteil der Tasche rechts auf rechts aufeinanderlegen und an der unteren Kante zusammennähen. Die Nahtzugabe auseinanderbügeln. Anschließend die beiden Seitenkanten rechts auf rechts zusammennähen, dabei die inneren Ecken auslassen. Die Nahtzugaben ebenfalls auseinanderbügeln.

Material

- Stoff 1: Baumwollstoff in Rot-Weiß gemustert, 50 cm x 100 cm
- Stoff 2: Baumwollstoff in Rot, 50 cm x 150 cm
- Vlieseinlage: Vlieseline H 410, 100 cm x 150 cm
- Nähgarn in Rot

Zuschnitt

Die Schnittmuster enthalten 1 cm Nahtzugabe. Alle Markierungen von den Schnittmustern auf die Schnittteile übertragen. Auf alle Stoffe vor dem Zuschneiden die Vlieseinlage bügeln.

Stoff 1:

1 x Schnittteil A „Vorderes Taschenteil mit Falten"
1 x Schnittteil B „Rückwärtiges Taschenteil"

Stoff 2:

2 x Schnittteil C „Taschenblende"
2 x Schnittteil D „Träger"
2 x Schnittteil E „Taschenfutter"

Schnittmusterbogen 1B, Teile A–E

5. Für die Ecken am Boden des Beutels die Seitennaht jeweils auf die Bodennaht legen und die Ecken abnähen (siehe Seite 16, Schnitt 11). Den Beutel wenden und die Ecken herausdrücken.

6. Die beiden Futterteile (E) rechts auf rechts aufeinanderlegen und an der unteren Kante zusammennähen. Die Nahtzugabe auseinanderbügeln. Anschließend die beiden Seitenkanten rechts auf rechts zusammennähen, dabei die inneren Ecken auslassen und eine Öffnung zum Wenden frei lassen. Die Nahtzugaben auseinanderbügeln.

7. Für die Ecken am Boden des Futters die Seitennaht jeweils auf die Bodennaht legen und die Ecken abnähen (siehe Schritt 5). Den Beutel wenden und die Ecken herausdrücken

8. Die Träger (D) längs mittig rechts auf rechts falten und an der langen Seite zusammennähen. Die Träger auf rechts wenden und bügeln. Anschließend gemäß Markierungen innen auf die vordere und rückwärtige Taschenblende steppen.

9. Die Tasche ist auf rechts, die Futtertasche auf links gewendet. Die Tasche in die Futtertasche hineinschieben und die beiden Teile an der Oberkante zusammennähen. Die Tasche durch die Wendeöffnung wenden und die Wendeöffnung schließen.

10. Die Bruchkante der Taschenblende nochmals bügeln und die Träger an der oberen Blendenkante festnähen.

Businesstasche

Frauen mit Businesstasche sind voller Kraft und Tatendrang. Bei Ihren täglichen Aufgaben ist die Tasche ein wichtiger Begleiter und muss den Wechsel zwischen Beruf und Familie mitmachen. Natürlich muss Platz für Laptop, Tablet, aber auch für einen kleinen Mittagssnack sein. Die fünf verschiedenen Anleitungen bieten klassische-elegante Varianten, ein bisschen Retro oder auch verspielt — und je nachdem welche Farbe gewählt wird, setzt die Trägerin noch ganz besondere Akzente.

Pure Grey

Größe: 40 cm x 30 cm, 6 cm tief

✳✳✳

Material

- Stoff 1: Wollfilz in Dunkelgrau, 90 cm x 100 cm
- Stoff 2: robustes Nylongewebe in Schwarz, 10 cm x 90 cm
- Stoff 3: Polyesterfutterstoff in Schwarz, 90 cm x 60 cm
- Vlieseinlage 1: Vlieseline H250, 10 cm x 90 cm
- Vlieseinlage 2: Decovil light, 90 cm x 35 cm
- Gurtband in Schwarz, 4 cm breit, 3,5 m lang
- 2 Leiterschnallen in Schwarz, 4 cm breit
- Klemmschnalle in Schwarz, 4 cm breit
- Metallreißverschluss in Schwarz-Silberfarben, 40 cm und 55 cm lang
- Kunststoffreißverschluss in Schwarz, 40 cm lang
- Klett- und Flauschband, 2 cm breit, 45 cm lang
- Gummiband in Schwarz, 4 cm breit, 30 cm lang

Zuschnitt

Die Schnittmuster und angegebene Maße enthalten 1 cm Nahtzugabe. Schnitteile A–F im Stoffbruch zuschneiden. Alle Markierungen von den Schnittmustern auf die Schnittteile übertragen.

Stoff 1:
2 x Schnittteil A „Vorder- und Rückteil"
1 x Schnittteil B „Reißverschlusstasche Vorder-/Rückteil"
2 x Schnittteil D „Oberes Seitenteil"
2 x Schnittteil E „Innentasche Laptop Vorder-/Rückteil"
2 x Schnittteil F „Innentasche Laptop Seitenteil"
1 x Schnittteil G „Innentasche Laptop Verschlusslasche"

Stoff 2:
1 x Schnittteil C „Unteres Seitenteil"

Stoff 3:
2 x Schnittteil A „Vorder- und Rückteil"
1 x Schnittteil B „Reißverschlusstasche Vorder-/Rückteil"
1 x Schnittteil C „Unteres Seitenteil"
2 x Schnittteil D „Oberes Seitenteil"

Vlieseinlage 1:
1 x Schnittteil C „Unteres Seitenteil"

Vlieseinlage 2:
2 x Schnittteil A „Vorder- und Rückteil"

Schnittmusterbogen 1A, Schnittteile A–G

Hinweis:

Messen Sie vor dem Zuschneiden der Teile E, F und G Ihr Laptop aus und passen Sie die Schnittmuster E, F und G entsprechend an.

Anleitung

1. Die Vlieseinlage nach Herstellerangabe auf die linken Stoffseiten der Schnittteile A und C aus Stoff 3 bügeln.

2. 95 cm Gurtband zurechtschneiden. Am Rückteil (A) aus Stoff 1 durch den Schlitz gemäß Markierung ziehen und an der Unterkante des Rückteils (A) festnähen. Knapp über dem Schlitz das Gurtband ebenfalls zweimal füßchenbreit feststeppen. Den Schritt beim zweiten Schlitz wiederholen.

3. 95 cm Gurtband zurechtschneiden und am Vorderteil (A) gemäß Markierung aufnähen.

4. Eine Seite des 40 cm langen Reißverschlusses gemäß Markierung rechts auf rechts an die Oberkante der Reißverschlusstasche Vorder-/Rückteil (B) aus Stoff 1 nähen.

5. Die zweite Seite des 40 cm langen Reißverschlusses gemäß Markierung rechts auf rechts am Vorderteil aus Stoff 1 annähen.

6. Die Reißverschlusstasche links auf rechts an den Seiten und der Unterkante am Vorderteil knappkantig annähen. GGf. den Reißverschluss zuvor schließen.

7. Zwei 5 cm lange Stücke Gurtband zurechtschneiden und durch jeweils eine Leiterschnalle ziehen. Die Bandenden bündig aufeinanderlegen und rechts auf rechts an die jeweiligen Enden des unteren Seitenteils (C) aus Stoff 2 (Nylongewebe) nähen.

8. Jeweils eine Seite des 55 cm langen Reißverschlusses rechts auf rechts an ein oberes Seitenteil (D) aus Stoff 1 nähen. Den Reißverschluss ggf. kürzen.

9. Den Reißverschluss zur Hälfte öffnen. Das obere Seitenteil aus Stoff 1 mit Reißverschluss rechts auf rechts zuerst an die Kanten mit den Leiterschnallen und anschließend an die Oberkanten des Vorder- und Rückteils nähen. Teil wenden.

10. Eine Seite des 40 cm langen Kunststoffreißverschlusses gemäß Markierung rechts auf rechts an die Oberkante der Reißverschlussinnentasche (B) aus Stoff 3 (Futterstoff) nähen. Die zweite Seite gemäß Markierung rechts auf rechts am Vorderteil (A) aus Stoff 3 annähen.

11. Das Flauschband gemäß Markierung am Vorderteil (A) aus Stoff 3 (Futterstoff) annähen.

12. Das Gummiband am Rückteil (A) aus Stoff 3 (Futterstoff) gemäß Markierung annähen. Dabei das Gummiband zwischen den senkrechten Nähten in Wellen legen, damit Stifte, Brillenetui, Handy etc. hineingeschoben werden können. Dazu vor dem Festnähen einfach ausprobieren, was hineinpassen soll.

13. Das untere Seitenteil (C) aus Stoff 3 rechts auf rechts auf Vorder- und Rückteil heften, bis 1 cm vor dem jeweiligen Kantenende des Seitenteils annähen und die Naht verriegeln. Dabei an der Naht am Rückteil eine ca. 15 cm lange Wendeöffnung lassen.

14. Die oberen Seitenteile aus Stoff 3 jeweils rechts auf rechts an die schmalen Kanten des unteren Seitenteils nähen.

15. Die offenen Kanten des Innenfutters rechts auf rechts an die Reißverschlusskante der Tasche aus Stoff 1 heften und entlang des Reißverschlusses zusammennähen. Die Tasche durch die Öffnung im Innenfutter wenden.

16. Die Nahtzugaben der Wendeöffnung am Innenfutter nach links einschlagen und knapp absteppen.

17. 1,5 m Gurtband zurechtschneiden und durch eine Leiterschnalle ziehen. Ein Ende 2 cm umschlagen, dann nochmals 2 cm umschlagen, vernähen und verriegeln. Das andere Bandende durch eine Klemmschnalle ziehen, dann durch die zweite Leiterschnalle und wieder durch die Klemmschnalle führen. Das Ende 2 cm umschlagen, vernähen und verriegeln.

18. Für die Laptopinnentasche das Klettband zunächst gemäß Markierung auf das Rückteil (E) aus Stoff 1 nähen.

19. Die Verschlusslasche (G) gemäß Markierung auf das Rückteil (E) nähen.

20. 10 cm Flauschband zurechtschneiden und gemäß Markierung auf die Innenseite der Verschlusslasche nähen.

21. 10 cm Klettband zurechtschneiden und gemäß Markierung auf das Vorderteil (G) der Laptoptasche nähen.

22. Die Seitenteile (F) an einer schmalen Kante rechts auf rechts zusammennähen. Die langen Kanten gemäß Markierung an Rückteil und Vorderteil heften und zusammennähen. Die Nahtzugaben an den Rundungen knapp zurückschneiden und das Teil wenden.

Old School Style

Größe: 40 cm x 35 cm, 8 cm tief

***

Material

- Stoff 1: Cordstoff in Braun, 55 cm x 85 cm
- Stoff 2: Kunstleder in Dunkelbraun, 120 cm x 40 cm
- Stoff 3: Polyesterfutterstoff in Dunkelbraun, 75 cm x 70 cm
- Vlieseinlage 1: Vlieseline H250, 75 cm x 70 cm
- Vlieseinlage 2: Decovil light, 85 cm x 75 cm
- 2 Schnallen mit Dorn in Messing, 3 cm breit
- Reißverschluss in Braun, 20 cm und 40 cm lang
- Kunstlederumhängegurt in Dunkelbraun, 3 cm breit, Länge nach Wunsch
- 8 Universalnieten in Kupferfarben, ø 9 mm
- 2 Endkappen in Messingfarben, 4 cm breit
- 2 Endkappen in Messingfarben, 3 cm breit

Zuschnitt

Die Schnittmuster und angegebenen Maße enthalten 1 cm Nahtzugabe. Die Schnittteile A, B, C, G, H im Stoffbruch zuschneiden. Alle Markierungen von den Schnittmustern auf die Schnittteile übertragen.

Stoff 1:

1 x Schnittteil A „Vorderteil"
2 x Schnittteil C „Klappe"
2 x Streifen, 4 cm x 30 cm

Stoff 2:

1 x Schnittteil B „Rückteil/Reißverschlusstasche"
2 x Schnittteil D „Aufgesetzte Tasche Vorderteil"
1 x Schnittteil G „Tragegriff"
4 x Schnittteil H „Verschlusslasche"
1 x Streifen, 4 cm x 60 cm
2 x Streifen, 4 cm x 120 cm

Stoff 3:

1 x Schnittteil A „Vorderteil"
2 x Schnittteil B „Rückteil/Reißverschlusstasche"
1 x Schnittteil E „Innentasche Unterteil"
1 x Schnittteil F „Innentasche Oberteil"

Vlieseinlage 1:

1 x Schnittteil B „Rückteil/Reißverschlusstasche"

Vlieseinlage 2:

1 x Schnittteil A „Vorderteil"
1 x Schnittteil C „Klappe"
2 x Schnittteil D „Aufgesetzte Tasche Vorderteil"
1 x Schnittteil G „Tragegriff"

Schnittmusterbogen 1B, Schnittteile A–H

Anleitung

1. Die Vlieseinlagen nach Herstelleranleitung auf die linken Stoffseiten der Schnittteile A und C aus Stoff 1, der Schnittteile D und G aus Stoff 2 und des Schnittteils B aus Stoff 3 bügeln.

2. Die Oberkante der aufgesetzten Taschen des Vorderteils (D) mit den 4 cm x 30 cm großen Streifen aus Stoff 1 (Cordstoff) einfassen: Die Stoffstreifen jeweils rechts auf rechts an die Oberkante nähen. Den Streifen zur Tascheninnenseite umlegen, die Nahtzugabe 1 cm auf links klappen und knappkantig an die Kante nähen.

3. Die Längsseiten der Verschlusslaschen (H) an der Umbruchkante nach links umschlagen und entlang der Kanten 1 cm breit absteppen.

4. Die Schnallen nach Herstelleranleitung an zwei Verschlusslaschen anbringen.

5. Die beiden Verschlusslaschen mit Schnalle gemäß Markierung auf die aufgesetzten Taschen nähen und quer verriegeln.

6. Die Kanten der inneren Ecken bei den aufgesetzten Taschen jeweils rechts auf rechts heften und zusammennähen. Die Nahtzugaben knapp zurückschneiden und wenden.

7. Die aufgesetzten Taschen gemäß Markierung auf das Vorderteil (A) aus Stoff 1 (Cordstoff) heften und knappkantig aufnähen, dabei die Nahtzugabe der aufgesetzten Tasche nicht auf links umlegen.

8. Die unteren Ecken am Vorderteil aus Stoff 1 (Cordstoff) jeweils rechts auf rechts heften und zusammennähen. Die Nahtzugaben knapp zurückschneiden und wenden.

9. Die Seitenkanten und die Unterkante des Vorderteils aus Stoff 1 (Cordstoff) gemäß Markierung knappkantig absteppen, damit die Tasche ihre Form erhält.

10. Das Vorderteil aus Stoff 3 (Futterstoff) links auf links an das Vorderteil aus Cordstoff heften und die Oberkante mit dem 60 cm langen Streifen aus Stoff 2 (Kunstleder) einfassen (siehe Schritt 2).

11. Das Rückteil (B) aus Stoff 3 (Futterstoff) mit Vlieseinlage rechts auf rechts an die gerade, hintere Kante des Klappenteils (C) nähen.

12. Eine Seite des 40 cm langen Reißverschlusses rechts auf rechts auf diese Naht nähen. Die andere Seite des Reißverschlusses rechts auf rechts gemäß Markierung an das Rückteil (B) aus Stoff 2 (Kunstleder) nähen.

13. Den 20 cm langen Reißverschluss gemäß Markierung rechts auf rechts an Oberteil (F) und Unterteil (E) der Innentasche nähen. Die Nahtzugaben der Tasche rundherum auf links umlegen und gemäß Markierung auf das zweite Rückteil (B) aus Futterstoff nähen.

14. Das Rückteil mit Reißverschlusstasche rechts auf rechts an die zweite Klappe (C) aus Stoff 1 (Cordstoff) nähen.

15. Beide Rückteile links auf links rundherum knappkantig zusammennähen.

16. Den Tragegriff (G) wie in Schritt 3 für die Verschlusslaschen beschrieben nähen. Die 4 cm breiten Endkappen nach Herstelleranleitung an den Enden anbringen.

17. Den Tragegriff gemäß Markierung mit Universalnieten nach Herstelleranleitung anbringen.

18. Das Vorderteil links auf links an das Rückteil heften und knappkantig zusammennähen.

19. Die Taschenkanten mit den 120 cm langen Streifen aus Kunstleder einfassen (siehe Schritt 2).

20. Den Umhängegurt gemäß Markierung mit jeweils zwei Universalnieten nach Herstelleranleitung am Vorderteil (A) anbringen.

21. Die übrigen Verschlusslaschen gemäß Markierung an die Klappe nähen.

Blue and Hip

Größe: 40 cm x 35 cm, 8 cm tief

✳ ✳ ✳

Material

- Stoff 1: Jeansstoff, 120 cm x 90 cm
- Stoff 2: leichter Jeansstoff gemustert, 120 cm x 45 cm
- Vlieseinlage: Decovil light, 90 cm x 100 cm
- Gurtband in Orange, 4 cm breit, 1,5 m lang
- 2 Schnallen in Silber, 4 cm breit
- Leiterschnalle in Silber, 4 cm breit
- 2 Magnetverschlüsse
- Metallreißverschluss in Blau, 40 cm lang und 55 cm lang

Zuschnitt

Die Schnittmuster und angegebenen Maße enthalten 1 cm Nahtzugabe. Die Schnittteile A, B, C, E und F im Stoffbruch zuschneiden. Alle Markierungen von den Schnittmustern auf die Schnittteile übertragen.

Stoff 1:

2 x Schnittteil A „Klappe"
2 x Schnittteil B „Vorder- und Rückteil"
1 x Schnittteil C „Seitlicher Einsatz"
2 x Schnittteil D „Einsatz Reißverschluss"
1 x Schnittteil E „Aufgesetzte Tasche"
1 x Schnittteil F „Seitlicher Einsatz aufgesetzte Tasche"
2 x Streifen, 4 cm x 8 cm

Stoff 2:

2 x Schnittteil B „Vorder- und Rückteil"
1 x Schnittteil C „Seitlicher Einsatz"
2 x Schnittteil D „Einsatz Reißverschluss"
1 x Schnittteil E „Aufgesetzte Tasche"
1 x Schnittteil F „Seitlicher Einsatz aufgesetzte Tasche"
1 x Schnittteil G „Unterteil Innentasche"
1 x Schnittteil H „Oberteil Innentasche"

Vlieseinlage:

1 x Schnittteil A „Klappe"
2 x Schnittteil B „Vorder- und Rückteil"
1 x Schnittteil C „Seitlicher Einsatz"
1 x Schnittteil E „Aufgesetzte Tasche"
4 x Kreis, ø 3 cm
Schnittmusterbogen 2A, Schnittteile A–H

Anleitung

1. Die Vlieseinlage gemäß Herstelleranleitung auf die linken Stoffseiten der Teile A, B, C und E aus Stoff 1 bügeln. Zusätzlich die Kreiszuschnitte zur Verstärkung gemäß Markierung auf die linke Stoffseite von Teil A und E bügeln.

2. Die Magnetverschlussteile mit der Lochseite nach Herstelleranleitung gemäß Markierung an der aufgesetzten Tasche (E) aus Stoff 1 befestigen.

3. Den seitlichen Einsatz (F) rechts auf rechts an die Seiten und die Unterkante der aufgesetzten Tasche (E) heften und die Teile zusammennähen. Die Nahtzugabe an den Rundungen knapp zurückschneiden. Auf rechts wenden und die Nähte bügeln.

4. Schritt 3 mit den entsprechenden Schnittteilen aus Stoff 2 wiederholen.

5. Die Teile der aufgesetzten Tasche aus Stoff 1 und Stoff 2 rechts auf rechts heften und die Seiten- sowie die Unterkante zusammennähen. Die Nahtzugaben zurückschneiden und das Teil wenden. Die Kanten bügeln.

6. Die Nahtzugaben an der oberen Kante der aufgesetzten Tasche 1 cm nach innen umschlagen und knappkantig absteppen.

7. Die aufgesetzte Tasche gemäß Markierung auf das Vorderteil heften und knappkantig aufnähen.

8. Den seitlichen Einsatz (C) aus Stoff 1 rechts auf rechts an das Vorder- und Rückteil (B) aus Stoff 1 nähen. Die Nahtzugabe an den Rundungen knapp zurückschneiden.

9. Die Gegenstücke der Magnetverschlüsse an dem Klappenteil (A) mit aufgebügelter Vlieseinlage gemäß Markierung nach Herstelleranleitung anbringen.

10. Das zweite Klappenteil (A) rechts auf rechts auf das erste heften und an den Seiten- und der Unterkante zusammennähen. Die Nahtzugabe an den Rundungen knapp zurückschneiden. Auf rechts wenden und die Nähte bügeln.

11. Die Klappe rechts auf rechts an die obere Kante des Rückteils (B) nähen.

12. Zweimal 10 cm Gurtband zurechtschneiden und jeweils durch eine Schnalle fädeln. Die Bandenden aufeinanderlegen und zusammennähen. Rechts auf rechts gemäß Markierung an den seitlichen Einsatz (C) nähen.

13. Den kurzen Reißverschluss gemäß Markierung rechts auf rechts an das Oberteil (G) und das Unterteil (H) der Innentasche nähen. Die Nahtzugaben der Innentaschenteile nach links umbügeln. Gemäß Markierung an das Rückteil (B) aus Stoff 2 heften und annähen.

14. Den seitlichen Einsatz (C) aus Stoff 2 rechts auf rechts an Vorder- und Rückteil (B) aus Stoff 2 nähen. Die Nahtzugabe an den Rundungen knapp zurückschneiden.

15. Je einen Einsatz für den Reißverschluss (D) aus Stoff 1 und 2 rechts auf rechts an den Seiten und der Oberkante zusammennähen. Die Nahtzugaben zurückschneiden, die Teile wenden und die Nähte ausbügeln. Den zweiten Einsatz genauso nähen.

16. Den langen Reißverschluss gemäß Markierung rechts auf links an die Oberkanten der Einsätze nähen. Die Enden etwas überstehen lassen und mit den 4 cm x 8 cm großen Streifen aus Stoff 1 einfassen.

17. Die Einsätze mit Reißverschluss rechts auf rechts an die Oberkante von Vorder- und Rückteil nähen.

18. Das Innenfutter rechts auf rechts an die Oberkante der Tasche nähen, dabei eine 20 cm lange Wendeöffnung lassen. Die Tasche wenden. Die Naht an der Oberkante ausbügeln und die Wendeöffnung schließen.

19. Das restliche Gurtband durch eine Schnalle ziehen. Das Bandende 1 cm und noch einmal 3 cm umschlagen und absteppen.

20. Das andere Bandende durch die Leiterschnalle über den Steg ziehen. Durch die zweite Schnalle führen, dann erneut durch den äußeren Steg der Leiterschnalle. Das Bandende 1 cm und noch einmal 3 cm umschlagen und absteppen.

Easy Going

Größe: 40 cm x 33 cm, 4 cm tief

✳✳✳

Anleitung

1. Die Vlieseinlage nach Herstelleranleitung auf die linke Stoffseite von Schnittteil A bügeln.

2. Den Reißverschluss gemäß Markierung rechts auf rechts an beiden Kanten von Teil A annähen.

3. Jeweils eine Lederlasche für den Tragegriff (C) durch einen D-Ring ziehen und die Enden aufeinanderlegen und mit etwas Klebstoff fixieren. Gemäß Markierung annähen.

4. Die Enden des Tragegriffs jeweils durch einen D-Ring ziehen, so dass die Enden in der Mitte auf der Unterseite des Tragegriffs zusammentreffen. Mit Klebstoff fixieren.

5. Den Tragegriff gemäß Markierung absteppen.

Material

- Stoff 1: Cordstoff in Grün, 75 cm x 80 cm
- Stoff 2: Leder in Braun, 50 cm x 10 cm
- Vlieseinlage: Decovil light, 75 cm x 80 cm
- 2 D-Ringe, 30 mm
- Reißverschluss in Grün, 45 cm lang
- Klebstoff

Zuschnitt

Die Schnittmuster enthalten 1 cm Nahtzugabe. Die Schnittteile A und B im Stoffbruch zuschneiden. Alle Markierungen von den Schnittmustern auf die Schnittteile übertragen.

Stoff 1:

1x Schnittteil A „Taschenteil"

Stoff 2:

1x Schnittteil B „Tragegriff"
2x Schnittteil C „Lasche für Tragegriff"

Vlieseinlage:

1x Schnittteil A „Taschenteil"

Schnittmusterbogen 1A, Schnittteile A–C

6. Das Taschenteil gemäß Markierung rechts auf rechts legen, dabei den Reißverschluss etwas geöffnet lassen. Die Seitenkanten heften und zusammennähen. Den Reißverschluss ggf. kürzen.

7. Nun die Ecken gemäß Markierung nähen: Die Seitennaht gerade vor sich legen, so dass an der Ecke ein Dreieck entsteht. Von der Spitze des Dreiecks gemessen knapp 3 cm im rechten Winkel zur Seitennaht absteppen. Den Schritt an den drei anderen Ecken wiederholen.

8. Die Nahtzugaben zurückschneiden und die Tasche wenden.

Ladylike

Größe: 33 cm x 40 cm, 20 cm tief

✳✳✳

Material

- Stoff 1: Cordstoff in Rot, 65 cm x 60 cm
- Stoff 2: beschichteter Baumwollstoff in Rot-Weiß gepunktet, 65 cm x 60 cm
- Stoff 3: robustes Nylongewebe in Pink, 65 cm x 90 cm
- Stoff 4: Baumwoll-Polyester-Stoff in Rot, 65 cm x 110 cm
- Vlieseinlage 1: Vlieseline H250, 65 cm x 60 cm
- Vlieseinlage 2: Decovil (alternativ Pappe), 40 cm x 25 cm
- 2 Taschengriffe aus Leder in Rot, 60 cm lang
- Gurtband in Pink, 3 cm breit, 1 m
- 4 Druckknöpfe in Weiß, ø 1,5 cm
- 2 Karabinerhaken, 2,5 cm x 4 cm
- 2 D-Ringe, 30 mm
- Reißverschluss in Rot-Weiß, 45 cm lang
- Reißverschluss in Rot, 20 cm lang
- Reißverschluss in Pink, 30 cm lang
- 4 Bodennägel, ø 15 mm
- Knopflochgarn in Rot
- Nähnadel für Knopflochgarn
- Textilsprühkleber (alternativ Rest doppelseitiges Klebeband)

Zuschnitt

Die Schnittmuster und angegebenen Maße enthalten 1 cm Nahtzugabe. Die Schnittteile A, B, C, D, I und J im Stoffbruch schneiden. Alle Markierungen von den Schnittmustern auf die Schnittteile übertragen.

Stoff 1:
  1 x Schnittteil A „Vorder- und Rückteil"
  2 x Schnittteil E „Tablettasche"

Stoff 2:
  1 x Schnittteil A „Vorder- und Rückteil"
  2 x Schnittteil F „Kosmetiktäschchen"

Stoff 3:
  2 x Schnittteil B „Bodenrand"
  1 x Schnittteil C „Boden"
  2 x Schnittteil D „Einsatz für Reißverschluss"
  1 x Schnittteil J „Innentasche Vorderteil"
  4 Streifen, 3 cm x 5 cm
  1 x Streifen, 4 cm x 8 cm
  2 x Streifen, 3 cm x 60 cm

Stoff 4:
  1 x Schnittteil C „Boden"
  1 x Schnittteil G „Reißverschlusstasche Unterteil"
  1 x Schnittteil H „Reißverschlusstasche Oberteil"
  2 x Schnittteil I „Innenfutter Vorder-/Rückteil"

Vlieseinlage 1:
  2 x Schnittteil A „Vorder- und Rückteil"
  2 x Schnittteil B „Bodenrand"
  1 x Schnittteil C „Boden"

Vlieseinlage 2:
  1 x Schnittteil C „Boden"
  4 x Kreis, ø 5 cm

  Schnittmusterbogen 2B, Schnittteile A–J

Anleitung

1. Die Vlieseinlage nach Herstelleranleitung auf die linken Stoffseiten der Schnittteile A aus Stoff 1 und Stoff 2 sowie der Schnittteile B und C aus Stoff 3 bügeln.

2. Die Teile für den Bodenrand (B) rechts auf rechts an den beiden kurzen Kanten zusammennähen. Den Bodenrand rechts auf rechts an das Bodenteil (C) aus Stoff 3 (Nylongewebe) nähen, dabei darauf achten, dass die Seitennähte des Bodenrands auf die Markierung im Schnitt treffen. Die Nahtzugaben an den Rundungen knapp zurückschneiden.

3. Die Markierungen für die Bodennägel mit spitzer Schere o. Ä. am Bodenteil aus Stoff 3 (Nylongewebe) und Vlieseinlage 2 (Decovil) vorsichtig durchstechen. Das Bodenteil aus Vlieseinlage 2 (Decovil) rundherum ca. 1,5 cm zurückschneiden. Auf der Innenseite des Bodens mit etwas doppelseitigem Klebeband oder Textilsprühkleber fixieren. Die Bodennägel nach Herstelleranleitung anbringen.

4. Das Vorderteil (A) aus Stoff 2 und das Rückteil (A) aus Stoff 1 rechts auf rechts an den Seitenkanten zusammennähen. Die Nähte vorsichtig auseinanderbügeln, dabei den beschichteten Stoff nicht zu heiß und nur mit Bügeltuch bügeln.

5. Das Vorder- und Rückteil gemäß Markierung rechts auf rechts an den Bodenrand nähen.

6. Den 20 cm langen Reißverschluss gemäß Markierung rechts auf rechts an das Oberteil (H) und das Unterteil (G) der Reißverschlusstasche nähen. Die Nahtzugaben der Reißverschlusstasche nach links bügeln und gemäß Markierung an das Rückteil (I) aus Stoff 4 (Innenfutter) nähen.

7. Die Oberkante der Innentasche (J) aus Stoff 3 (Nylongewebe) ca. 1 cm breit säumen und gemäß Markierung an das Vorderteil (I) aus Stoff 4 (Innenfutter) nähen.

8. Für den Schlüsselbundhalter 10 cm Gurtband zurechtschneiden, durch einen D-Ring fädeln und gemäß Markierung auf das Vorderteil (I) des Innenfutters nähen, dabei zeigt der Ring ins Tascheninnere.

9. Für die Tablettaschenhalter 2 x 5 cm Gurtband zurechtschneiden, an einem Ende 1,5 cm umschlagen und dort je einen Druckknopf nach Herstelleranleitung anbringen. Beide Laschen gemäß Markierung auf das Vorderteil (I) des Innenfutters nähen, dabei zeigen die Druckknöpfe zum Rückteil und ins Tascheninnere.

Tipp:
Alle Gurtbandenden vor der Verarbeitung mit einem Feuerzeug vorsichtig ansengen, dann fransen sie nicht aus.

10. Das Vorder- und Rückteil des Innenfutters (I) an den Seitenkanten rechts auf rechts zusammennähen. Anschließend den Boden (C) aus Stoff 4 gemäß Markierung rechts auf rechts annähen.

11. Die Taschenhenkel gemäß Markierung an Vorder- und Rückteil der Tasche von Hand mit Knopflochgarn annähen. Für die Stabilität doppelt festnähen und jeweils auf der Innenseite der Tasche die kreisförmigen Verstärkungen aus Decovil mitnähen.

12. Das Innenfutter links auf links in die Tasche schieben und an der oberen Kante knappkantig annähen.

13. Die kurzen Kanten der Einsätze für den Reißverschluss (D) mit den 3 cm x 5 cm großen Streifenzuschnitten aus demselben Stoff (Nylongewebe) ca. 1 cm breit einfassen. Dazu die Stoffstreifen jeweils rechts auf rechts an die Kante heften und festnähen. Den Streifen zur Rückseite des Einsatzes umlegen, die Nahtzugabe 1 cm auf links umlegen knappkantig annähen. Den Reißverschluss gemäß Markierung rechts auf rechts an die langen Kanten des Einsatzes nähen. Das überstehende Ende des Reißverschlusses mit dem 4 cm x 8 cm großen Zuschnitt aus Stoff 3 (Nylongewebe) einfassen. Die Einsätze jeweils links auf links gemäß Markierung an die obere Taschenkante nähen.

14. Die Oberkante der Tasche rundherum mit den 3 cm x 60 cm großen Zuschnitten aus Stoff 3 (Nylongewebe) ca. 1 cm breit einfassen (siehe Schritt 13).

15. Für das Kosmetiktäschchen zunächst 15 cm Gurtband zurechtschneiden und auf den Karabinerhaken ziehen. Die Bandenden bündig aufeinanderlegen und rechts auf rechts gemäß Markierung auf ein Teil des Täschchens (F) nähen. Der Karabinerhaken liegt dabei auf der Außenseite des Kosmetiktäschchens.

16. Den 20 cm langen Reißverschluss gemäß Markierung rechts auf rechts an die oberen Kanten des Vorder- und Rückteil des Kosmetiktäschchens nähen. Den Reißverschluss halb öffnen.

17. Das Vorder- und Rückteil des Kosmetiktäschchens rechts auf rechts an den Seiten- und der Unterkante zusammennähen. Die Nahtzugaben knapp zurückschneiden und das Täschchen wenden.

18. Für die Tablettasche zunächst 2 x 8 cm Gurtband zurechtschneiden, jeweils an einem Ende 1,5 cm umschlagen und dort die Gegenstücke der Druckknöpfe nach Herstelleranleitung anbringen. Die Gurtbänder rechts auf rechts gemäß Markierung auf einem Schnittteil E annähen. Die Gurtbänder mit Druckknöpfen zeigen zur Außenseite der Tablettasche.

19. Den 30 cm langen Reißverschluss rechts auf rechts gemäß Markierung an die obere Kante der Tablettasche nähen. Den Reißverschluss halb öffnen.

20. Vorder- und Rückteil der Tablettasche rechts auf rechts an Seiten- und Unterkante zusammennähen. Die Nahtzugaben knapp zurückschneiden und Tablettasche wenden.

21. Die restlichen beiden Druckknöpfe gemäß Markierung seitlich an Vorder- und Rückteil der Tasche nach Herstelleranleitung anbringen. Dabei darauf achten, dass die weiße glatte Außenseite des Druckkopfs auf der Innenseite des Vorderteils aus beschichtetem Stoff, d. h. auf der Futterstoffseite, liegt.

Clutch

In eine kleine Handtasche passt nicht viel rein, aber das benötigt eine
Frau mit einer Clutch auch nicht, denn ihre großen Träume und Sehnsüchte
passen auch in eine kleine Handtasche – und mehr als ein bisschen Geld,
Taschentücher und den Schlüssel braucht dies unkomplizierte Frau auch nicht.
Die stylishe Tasche ist nicht nur ein Begleiter für den Abend – wie so manch
einer glaubt – auch am Tag macht sie einiges her und bewahrt die Trägerin
unnötigen Ballast mit sich zu schleppen. Mit Clipverschluss, als Fold-Over
oder mit kleinem Reißverschluss – diese kleine Tasche ist wandelbar
und komplettiert jedes Outfit.

Belle Noire

Größe: 22 cm x 11 cm

✳✳✳

Anleitung

1. Alle Zuschnitte bis auf das Kunstleder bügeln und die Vlieseline auf die Rückseite von Schnitteil A aus Stoff 2 aufbügeln.

2. Die Zuschnitte für die Schleifen rundherum knappkantig mit Geradstich absteppen.

3. Die Taschenzuschnitte (A) aus Stoff 1 und 2 rechts auf rechts aufeinanderlegen, fixieren und absteppen, dabei eine 4 cm lange Wendeöffnung lassen.

Tipp:

Fixieren Sie Kunstleder anstatt mit Stecknadeln am besten mit Büroklammern oder Wonderclips.

Material

- Stoff 1: Kunstleder in Schwarz, 61 cm x 31 cm
- Stoff 2: Baumwollstoff in Schwarz-Weiß gemustert, 24 cm x 31 cm
- Vlieseinlage: Vlieseline H 250, 24 cm x 31 cm
- Magnetverschluss in Silber, ø 19 mm
- Bastelkleber
- Ledernadel
- Teflonnähfuß

Zuschnitt

Schnittmuster A und angegebene Maße enthalten 0,5 cm Nahtzugabe Die Schnittteile B und C für die Schleifen ohne Nahtzugabe aus Stoff 1 und Schnitteil B im Stoffbruch zuschneiden. Alle Markierungen von den Schnittmustern auf die Schnittteile übertragen.

Stoff 1:

1 x Schnittteil A „Tasche" (= Außenteil)
1 x Schnittteil B „Schleife vorn"
1 x Schnittteil C „Schleife hinten"
1 x Streifen, 2 cm x 4 cm

Stoff 2:

1 x Schnittteil A „Tasche" (= Innenteil)

Vlieseinlage:

1 x Schnittteil A „Tasche"

Schnittmusterbogen 1B, Schnittteile A–C

4. Die Nahtzugaben zurückschneiden, an den Rundungen keilförmig einschneiden.

5. Die Clutch wenden. Rundungen und Ecken gut herausholen. Anschließend bügeln.

6. Die Tasche einmal rundherum vorsichtig mit Geradstich knappkantig absteppen.

7. Die Clutch mit der Innenseite nach oben auf den Tisch legen und den unteren Teil bis zum Beginn der Taschenklappe hochklappen. Die Klappe darüberlegen und überprüfen, ob alles bündig schließt.

8. Die Seiten fixieren und mit Geradstich schließen.

9. Die beiden Magnetverschlussteile so an die Clutch annähen, dass die Klappe gut schließt.

10. Das Schleifenteil B längs zu einer Ziehharmonika falten und mittig von Hand mit einigen Stichen durch alle Lagen fixieren. Den schmalen Streifen aus Stoff A von vorn nach hinten um die Schleife legen und auf der Rückseite annähen. Schleifenteil C mit den Spitzen nach unten hinter die Schleife legen und annähen.

11. Zum Schluss die fertige Schleife von Hand auf die Klappe der Clutch nähen.

Fold Over

Größe: 28 cm x 24 cm

✳ ✳ ✳

Anleitung

1. Alle Zuschnitte bis auf das Kunstleder bügeln und die Vlieseline nach Herstelleranleitung auf die linke Seite des Taschenteils aus Stoff 2 aufbügeln.

2. Den Reißverschluss schließen und eine schmale Seite des Taschenteils aus Stoff 1 und aus Stoff 2 jeweils rechts auf rechts auf beiden Seiten des Reißverschlusses fixieren, dabei darauf achten, dass der Reißverschlusszipper und die rechte Stoffseite später auf derselben Seite sind. Die Enden des Reißverschlusses auf dem Stoff markieren.

3. Den Reißverschluss mit dem Nähfüßchen mit Geradstich bis zu den Markierungen absteppen.

4. Die Taschenteile aus Stoff 3 wie in Schritt 2 beschrieben auf der Innenseite des Reißverschlusses annähen (siehe Zeichnung).

Hinweis:
Fixieren Sie Kunstleder anstatt mit Stecknadeln am besten mit Büroklammern oder Wonderclips.

Material

- Stoff 1: Kunstleder in Braun, 26 cm x 30 cm und 12 cm x 17 cm
- Stoff 2: Baumwollstoff in Schwarz-Weiß-Gold gemustert, 26 cm x 30 cm
- Stoff 3: Baumwollstoff in Braun, 26 cm x 60 cm
- Reißverschluss in Braun, 22 cm lang
- Vlieseinlage: Vlieseline H 250, 26 cm x 30 cm
- Reißverschlussnähfüßchen
- Ledernadel
- Bastelkleber
- Bleistift
- Lineal
- Schere oder Rollschneider
- ggf. Schlüsselring
- Büroklammern oder Wonderclips

Zuschnitt
Schnittmuster A enthält 0,5 cm Nahtzugabe.

Stoff 1:
   1 x Schnittteil A „Tasche" (= Außenteil)

Stoff 2:
   1 x Schnittteil A „Tasche" (= Außenteil)

Stoff 3:
   2 x Schnittteil A „Tasche" (= Innenteil)

Vlieseinlage:
   1 x Schnittteil A „Tasche"
   Schnittmusterbogen 1B, Schnittteil A

5. Den Innenstoff am Reißverschluss glattstreichen und bügeln. Anschließend auf der Oberseite des Reißverschlusses den Stoff knappkantig mit Geradstich absteppen.

6. Den Reißverschluss bis etwas über die Hälfte öffnen. Die Außentasche aus Stoff 1 und 2 rechts auf rechts legen, mit Stecknadeln fixieren und die drei Seitennähte absteppen, dabei an einer Seite eine 4 cm lange Wendeöffnung lassen. Die Nahtzugaben zurückschneiden.

7. Schritt 6 bei dem Beutel aus Stoff 3 wiederholen (siehe Zeichnung).

8. Die Tasche durch die Wendeöffnung wenden und die Ecken gut herausarbeiten.

9. Die Nahtzugabe der Wendeöffnung nach innen bügeln und knappkantig mit Geradstich oder von Hand schließen. Die Innentasche in die Außentasche schieben.

10. Aus dem 12 cm x 17 cm großen Kunstlederstück eine Quaste (siehe Anleitung rechts) fertigen und an dem Reißverschlusszipper anbringen.

Troddel

1. Ein Stoffrechteck in den gewünschten Maßen mit der linken Stoffseite nach oben legen.

2. Mit Bleistift und Lineal senkrecht zu einer langen Seite des Rechtecks (oberer Rand) gerade Linien mit demselben Abstand auf das Stoffstück zeichnen. Mit der Schere oder dem Rollschneider bis 1 cm vor dem oberen Rand einschneiden.

3. Den äußersten Streifen zur Schlaufe formen und auf dem Rand festkleben.

4. Auf den 1 cm breiten oberen Rand Bastelkleber auftragen und das Rechteck von der Schlaufe aus beginnend aufrollen. Trocknen lassen.

5. Zum Schluss einen Schlüsselring an der Schlaufe anbringen.

Tipp:
Falls sie keinen Schlüsselring verwenden möchten, können sie die Schlaufe auch vor dem Festkleben direkt durch den Reißverschlusszipper bzw. die Öffnung, an der die Troddel angebracht werden soll, fädeln und dann fixieren.

Hafenliebe

Größe: 24 cm x 17 cm

✳✳✳

Anleitung

1. Alle Zuschnitte bügeln und die Vlieseline auf die Rückseite des Schnittteils aus Stoff 3 bügeln.

2. Schnittteile A und B an der Ansatzkante rechts auf rechts aufeinanderlegen, mit Geradstich absteppen und die Nahtzugabe auseinanderbügeln.

3. Das Teil aus Stoff 1 und 2 und das Schnittteil aus Stoff 3 rechts auf rechts aufeinanderlegen, fest-stecken und die Ränder absteppen, dabei an einer Seitennaht eine 4 cm lange Wendeöffnung lassen.

4. Die Nahtzugaben zurückschneiden, an den Run-dungen die Nahtzugabe keilförmig einschneiden.

5. Die Clutch durch die Wendeöffnung wenden. Rundungen und Ecken gut herausholen, anschlie-ßend bügeln.

6. Die Tasche einmal rundherum mit Geradstich knappkantig absteppen.

Material

- Stoff 1: Baumwollstoff in Blau-Weiß gestreift, 13,5 cm x 26,5 cm
- Stoff 2: Jeansstoff in Dunkelblau, 26,5 cm x 34,5 cm
- Stoff 3: Baumwollstoff mit Ankerprint, 26,5 cm x 47 cm
- Vlieseinlage: Vlieseline H 250, 26,5 cm x 30 cm
- Magnetverschluss in Silber, ø 19 mm
- Bügelapplikation „Anker"

Zuschnitt

Die Schnittmuster und angegebenen Maße enthalten 0,5 cm Nahtzugabe. Alle Markierungen von den Schnittmustern auf die Schnittteile übertragen.

Stoff 1:

1 x Schnittteil A „Klappe"

Stoff 2:

1 x Schnittteil B „Tasche außen"

Stoff 3:

1 x Schnittteil C „Tasche innen"

Vlieseinlage:

1 x Schnittteil C „Tasche innen"

Schnittmusterbogen 1B, Schnittteile A–C

7. Die Clutch mit der Innenseite nach oben auf den Tisch legen und den unteren Teil bis zum Beginn der Taschenklappe hochklappen. Die Klappe darüberlegen und überprüfen, ob alles bündig schließt. Die Seiten mit Stecknadeln fixieren.

8. Die Seitennähte mit Geradstich schließen. Die Clutch bügeln.

9. Die beiden Magnetverschlussteile so an die Clutch nähen, dass die Klappe gut schließt.

10. Zum Schluss die Ankerapplikation nach Hersteller-anleitung aufbügeln.

Bohemian Skulls

Größe: 19 cm x 11 cm

✳✳✳

Anleitung

1. Alle Zuschnitte bügeln und die Vlieseline auf die linke Seite der Schnittteile aus Stoff 1 aufbügeln.

2. Jeweils die beiden Taschenteile aus Stoff 1 und die beiden Taschenteile aus Stoff 2 rechts auf rechts legen und mit Stecknadeln fixieren.

3. Die beiden Taschenbeutel mit Geradstich an den beiden Seiten links und rechts sowie der unteren Kante füßchenbreit absteppen, die obere Rundung und die inneren Ecken an der Unterseite bleiben dabei ausgespart. Die Nahtzugabe zurückschneiden und beim Taschenbeutel aus Futterstoff mit Zickzackstich versäubern.

4. Die unteren offenen Ecken der Taschenbeutel aufklappen und die Bodennaht bündig auf die Seitennähte legen. Mit Stecknadeln fixieren und die Ecke mit Geradstich abnähen (siehe Seite 16, Schnitt 11). Die Nahtzugabe knapp zurückschneiden und bei dem Futterstoffbeutel mit Zickzackstich versäubern.

Material

- Stoff 1: Baumwollstoff in Grün-Weiß gemustert mit Totenköpfen, 25 cm x 31 cm
- Stoff 2: Baumwollstoff in Grau, 25 cm x 31 cm
- Vlieseinlage: Vlieseline H 250, 25 cm x 31 cm
- Taschenrahmen, 18 cm lang
- Bastelkleber für Metall
- Pinsel
- Rundzange
- ggf. Troddel oder Perlenanhänger

Zuschnitt

Das Schnittmuster A enthält 0,5 cm Nahtzugabe. Die Schnittteile aus Stoff 1 nicht mit doppelt liegendem Stoff zuschneiden, sondern zweimal in der Motivausrichtung.

Stoff 1:

2 x Schnittteil A „Tasche" (= Außenteil)

Stoff 2:

2 x Schnittteil A „Tasche" (= Innenteil)

Vlieseinlage:

2 x Schnittteil A „Tasche"

Schnittmusterbogen 1B, Schnittteil A

5. Den Taschenbeutel aus Stoff 2 auf rechts wenden und bündig in den auf links liegenden Taschenbeutel aus Oberstoff schieben. An der Oberkante mit Stecknadeln rundherum fixieren.

6. Die oberen Kanten füßchenbreit zusammennähen, dabei auf einer Seite eine 4 cm lange Wendeöffnung lassen. Die Nahtzugaben zurückschneiden.

7. Die Tasche wenden und die Nähte an den Rundungen gut ausarbeiten und bügeln. Die Nahtzugabe an der Wendeöffnung nach innen legen, bügeln und mit Stecknadeln fixieren. Die Öffnung mit Geradstich schließen. Diese Naht wird später nicht zu sehen sein, da sie in den Taschenbügel eingeklebt wird.

8. Den Taschenbügel auf einer Seite innen mit Bastelkleber bestreichen und die obere Taschenkante von der Mitte der Rundung beginnend einschieben, gegebenenfalls die Zange zur Hilfe nehmen. Den Klebstoff trocknen lassen.

9. Schritt 8 für den anderen Taschenbügel wiederholen.

10. Nach Wunsch eine Troddel (siehe Seite 102) oder einen Perlenanhänger am Reißverschluss anbringen.

Tipp:

Sie können die Tasche zusätzlich noch durch die Verschlussperforation an dem Taschenrahmen annähen. Eine Naht in Kontrastfarbe oder in einer zum Stoff passenden Garnfarben erzielt hier schöne Effekte.

Little Burgundy

Größe: 17,5 cm x 15 cm, 3 cm tief

✳✳✳

Material

- Stoff 1: Kunstleder in Rot, 22 cm x 36 cm und 5 cm x 10 cm
- Stoff 2: Baumwollstoff in Schwarz-Weiß gemustert, 22 cm x 36 cm
- Vlieseinlage: Vlieseline H 250, 22 cm x 36 cm
- Reißverschluss, 18 cm lang
- Pyramidennieten, 5 mm x 5 mm
- Reißverschlussnähfüßchen
- Ledernadel
- Bastelkleber
- Bleistift
- Lineal
- Schere oder Rollschneider
- evtl. Schlüsselring

Zuschnitt

Das Schnittmuster A enthält 0,5 cm Nahtzugabe.

Stoff 1:

2 x Schnittteil A „Tasche" (= Außenteil)

Stoff 2:

2 x Schnittteil A „Tasche" (= Innenteil)

Vlieseinlage:

2 x Schnittteil A „Tasche"

Schnittmusterbogen 1B, Schnittteil A

Anleitung

1. Alle Zuschnitte bis auf das Kunstleder bügeln und die Vlieseline auf die Rückseite der Schnittteile aus Stoff 2 aufbügeln.

2. Den Reißverschluss schließen und die Teile aus Stoff 1 beidseitig des Reißverschlusses fixieren, dabei darauf achten, dass der Reißverschlusszipper und die rechten Stoffseiten später auf derselben Seite sind. Die Enden des Reißverschlusses auf dem Stoff markieren.

3. Den Reißverschluss mit Reißverschlussnähfüßchen und Geradstich bis zu den Markierungen annähen.

4. Die Schnittteile aus Stoff 2 rechts auf links auf der Innenseite des Reißverschlusses annähen.

5. Den Innenstoff am Reißverschluss glattstreichen und bügeln. Anschließend auf der Außenseite der Tasche den Stoff links und rechts neben dem Reißverschluss knappkantig mit Geradstich absteppen.

6. Nun nach Wunsch die Nieten am Außenstoff anbringen.

7. Den Reißverschluss bis etwas über die Hälfte öffnen. Die Schnittteile aus Stoff 1 rechts auf rechts legen, fixieren und die beiden Seiten sowie die Bodennaht absteppen, dabei die ausgesparten Ecken am Boden freilassen und an einer Seite eine 4 cm lange Wendeöffnung lassen. Die Nahtzugaben kürzen.

8. Schritt 7 bei dem Taschenbeutel aus Stoff 2 wiederholen.

9. Die offenen Ecken am Boden aufklappen und die Taschenbodennaht passgenau auf die Seitennähte legen. Fixieren und die beiden Ecken mit Geradstich abnähen (siehe Seite 16, Schritt 11). Anschließend die Nahtzugabe kürzen.

10. Die Tasche wenden, die Ecken gut herausarbeiten.

11. Die Nahtzugabe der Wendeöffnung nach innen bügeln und die Öffnung knappkantig mit Geradstich oder von Hand schließen. Die Innentasche in die Außentasche schieben.

12. Zum Schluss aus dem 5 cm x 10 cm großen Kunstlederstück eine Troddel (siehe Seite 102) fertigen und an dem Reißverschlusszipper anbringen.

Hinweis:

Fixieren Sie Kunstleder anstatt mit Stecknadeln am besten mit Büroklammern oder Wonderclips.

Umhängetasche

Brav und angepasst, das ist die Trägerin einer Umhängetasche ganz sicher nicht. Selbstbewusst, aktiv und sportlich – und da ist die Umhängetasche genau ihr Ding, denn mit ihr hat die Trägerin die Hände frei: denn hier wird nicht gezögert, sondern gehandelt! Besonders in der Freizeit mach diese Tasche eine gute Figur. Die Umhängetasche ist kein Riese, aber die wichtigsten Dinge finden ihren Platz – denn nur als Leichtgewicht ist es angenehm die Tasche über die Schulter zu tragen.

Black Star

Größe: 30 cm x 30 cm (ohne Träger)

***

Anleitung

1. Die Vlieseinlage nach Herstelleranleitung auf die linke Stoffseite des Aufsatztaschenunterteils (C) aus Stoff 3 bügeln.

2. Auf dem Aufsatztaschenunterteil (C) aus Stoff 4 nach Herstelleranleitung mittig den größeren Stern aufbügeln.

3. Den Reißverschluss an einer langen Stoffkante zwischen die beiden Aufsatztaschenunterteile (C) aus Stoff 3 und 4 legen, dabei liegt die Reißverschlussoberseite auf dem Oberseitenstoff 4 (mit Stern). Mit Stecknadeln fixieren.

Material

- Stoff 1: wattierter Taschenstoff in Dunkelgrau, 35 cm x 70 cm
- Stoff 2: leichtes Kunstleder in Schwarz, 35 cm x 140 cm
- Stoff 3: Baumwollstoff in Schwarz mit weißen Sternen, 55 cm x 35 cm
- Stoff 4: Kunstleder in Silberfarben, 25 cm x 35 cm und 6 cm x 140 cm (alternativ Gurtband in Grau, 3 cm breit, 140 cm lang)
- metallisierter Reißverschluss, 32 cm lang
- 2 Taschenringe aufklappbar, ø 3,5 cm
- 1 Gurtriegel, 3 cm breit
- 12 Ösen mit Scheiben, ø 1,4 cm
- 2 Bügelmotive „Stern" in Silberfarben, 7 cm und 11 cm
- Filz in Dunkelgrau, 9 cm x 18 cm
- Webband in Schwarz-Weiß gestreift, 1,5 cm breit, 1,40 m
- Karabiner mit Ring, ø 2 cm
- Kordel in Grau, 4 mm stark, 1 m

Zuschnitt

Die Schnittmuster und angegebenen Maße enthalten 0,75 cm Nahtzugabe. Alle Markierungen von den Schnittmustern auf die Schnittteile übertragen.

Stoff 1:

2 x Schnittteil A „Taschenbeutel/Aufsatztasche Oberteil"

1 x Schnittteil B „Boden"

Stoff 2:

3 x Schnittteil A „Taschenbeutel/Aufsatztasche Oberteil"

1 x Schnittteil B „Boden"

1 x Schnittteil D „Innentasche"

Stoff 3:

1 x Schnittteil A „Taschenbeutel/Aufsatztasche Oberteil"

1 x Schnittteil C „Aufsatztasche Unterteil"

Stoff 4:

1 x Teil C „Aufsatztasche Unterteil"

Vlieseinlage:

1 x Schnittteil C „Aufsatztasche Unterteil"

Schnittmusterbogen 2A, Teile A–D

4. Den Reißverschluss annähen. Die Stoffteile aufklappen und parallel zum Reißverschluss noch einmal absteppen. Die Unterkante der Taschenteile rechts auf rechts innerhalb der Nahtzugabe absteppen.

5. Ein Schnittteil des Aufsatztaschenoberteils (A) aus Stoff 2 und ein Schnittteil A aus Stoff 3 rechts auf rechts aufeinanderlegen, so dass der spätere Außenstoff (Stoff 3) oben liegt. Nun zwischen die beiden Teile das fertige Aufsatztaschenunterteil mit Sternapplikation nach oben schieben und dabei das noch offene Reißverschlussband bündig mit der Oberkante der Stoffteile A legen. Mit Stecknadeln fixieren und den Reißverschluss annähen. Die Unterkante der Teile A rechts auf rechts absteppen. Das Teil auf rechts wenden, bügeln und entlang des Reißverschlusses knappkantig absteppen.

6. Ein Taschenbeutelteil (A) aus Stoff 1 mit der rechten Seite nach oben legen. Das fertige Aufsatztaschenteil mit dem Reißverschluss nach unten darauf legen. Die untere Kante (größeres Teil aus Stoff 2 und 3) des Aufsatztaschenteils so ausrichten, dass diese 3 cm von der Unterkante des Außenbeutelteils entfernt ist. Diese Unterkante absteppen. Nun das

Aufsatztaschenteil so umklappen, dass der Reißverschluss wieder nach oben zeigt, und die untere Kante des Aufsatztaschenteils bündig zur Kante des Taschenbeutelteiles fixieren. Die neu entstandene Falte (Stoff 3) bügeln und absteppen.

7. Das Magnetverschlussoberteil nach Herstelleranleitung mittig an der Innenseite der Aufsatztasche (oberes Steckfach) anbringen, dazu den Reißverschluss öffnen. Danach das Magnetverschlussunterteil passgenau befestigen. Alle Teile der Ansatztasche an den Seitenkanten innerhalb der Nahtzugabe fixieren.

8. Das Taschenbeutelrückteil (A) aus Stoff 1 rechts auf rechts auf das Taschenbeutelvorderteil legen und an den Seitenkanten zusammennähen.

9. Den Taschenboden (B) mit Stecknadeln rechts auf rechts an der unteren Kante des Außenbeutels fixieren, dabei treffen die Seitennähte auf die Markierungen in Teil B aufeinander. Die Naht rundherum schließen.

10. Die Innentaschenteile (D) rechts auf rechts zusammennähen, dabei an der Oberkante eine 10 cm lange Wendeöffnung aussparen. Wenden und die Oberkante absteppen, dabei die Wendeöffnung schließen. Die Innentasche gemäß Markierung auf ein Taschenteil (A) aus Stoff 2 für das Innenfutter festnähen.

11. Für das Innenfutter zunächst die beiden Schnittteile A aus Stoff 2 rechts auf rechts an den Seitenkanten zusammennähen, dabei an einer Seite eine 15 cm lange Wendeöffnung lassen. Anschließend den Boden (B) aus Stoff 2 wie in Schritt 9 beschrieben annähen.

12. Das Innenfutter auf rechts wenden (schöne Seite außen) und in den auf links (schöne Seite innen) liegenden Außenbeutel schieben. Darauf achten, dass die Seitennähte jeweils aufeinandertreffen. An der Oberkante zusammennähen.

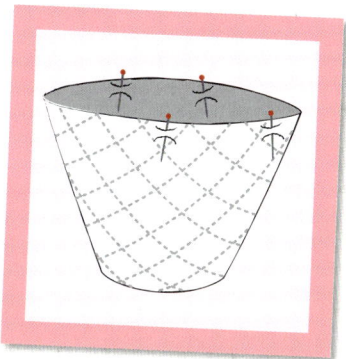

13. Die Tasche wenden und die Wendeöffnung schließen. Die Oberkante bügeln und knappkantig absteppen. Eine zweite Naht im Abstand von 3 cm zur Kantennaht setzen.

14. Die Ösen nach Herstelleranleitung an den Markierungen einschlagen. Die Kordel in die Ösen einziehen, dabei von vorn in einer der mittleren Ösen beginnen. Einen Kordelstopper anfertigen (siehe Anleitung rechts) und aufziehen.

15. Einen Träger anfertigen (siehe Seite 131; alternativ fertiges Gurtband verwenden), den Gurtriegel und die beiden Spaltringe daran anbringen (siehe Seite 123, Schritt 16) und jeweils in die seitlichen Ösen einhängen.

16. Für den Taschenbaumler zwei Filzkreise mit 8 cm Durchmesser zuschneiden. Den kleinen Stern auf einen Filzkreis aufbügeln. Den zweiten Filzkreis von hinten dagegen legen. Den Karabiner mit Ring auf das Webband fädeln, das Webband halbieren

und mit den offenen Enden zwischen die Filzkreise legen. Die Kreise rundherum knappkantig absteppen. Zum Schluss den Karabiner in den Taschenring einhängen.

Kordelstopper

1. Ein 8 cm x 6 cm großes Stück Kunstleder zurechtschneiden. Auf der linken Stoffseite die Mitte zwischen den beiden langen Kanten markieren.

2. Die langen Kanten auf links auf die Mitte klappen und links und rechts der Mitte knappkantig absteppen. Anschließend die langen Außenkanten knappkantig absteppen.

3. Die kurzen Kanten rechts auf rechts füßchenbreit zusammensteppen. Wenden.

4. Den Ring mit der kurzen Naht in der Mitte legen. Innen die Nahtzugaben auseinanderlegen und flachdrücken. Links und rechts der kurzen Naht ein Rechteck aufsteppen, dabei die Breite je nach Kordelstärke anpassen.

Brown Sugar

Größe: 39 cm x 30 cm (ohne Träger)

* * *

Material

- Stoff 1: wattierter Taschenstoff in Braun, 110 cm x 90 cm
- Stoff 2: beschichteter Baumwollstoff in Braun-Weiß gepunktet, 110 cm x 50 cm
- Stoff 3: dünnes Kunstleder in Goldfarben, 35 cm x 22 cm
- Gurtband in Beige, 3 cm breit, 1,60 m
- Drehverschluss, ø 3,5 cm
- Mappenschloss, 3 cm lang
- 2 D-Ringe, ø 2,5 cm
- 2 D-Ringe, ø 4 cm
- 2 Karabiner mit Ring, ø 3,5 cm
- Gurtriegel, 3 cm
- Klettband, 2 cm breit, 20 cm
- Webband in Goldgemustert, 2 cm breit, 1,85 m
- Gummiband, 5 mm breit, 20 cm

Zuschnitt

Die Schnittmuster und angegebenen Maße enthalten 0,75 cm Nahtzugabe. Schnittteil B im Stoffbruch zuschneiden. Alle Markierungen von den Schnittmustern auf die Schnittteile übertragen.

Stoff 1:

2 x Schnittteil A „Taschenbeutel"
1 x Schnittteil B „Taschenbeutel Seitenteil"
1 x Schnittteil E „Taschenklappe"
1 x Schnittteil F „Aufsatztasche"

Stoff 2:

2 x Schnittteil A „Taschenbeutel"
1 x Schnittteil B „Taschenbeutel Seitenteil"
1 x Schnittteil E „Taschenklappe"
1 x Schnittteil F „Aufsatztasche"

Stoff C:

4 x Schnittteil C „Seitentaschen außen/ Aufsatztaschen vorn"
2 x Schnittteil D „Riegel"

Schnittmusterbogen 2A, Teile A–F

Hinweis:

Wenn Sie keinen wattierten Außenstoff (Stoff 1) verwenden, ist es empfehlenswert, die Schnittteile A, B und E aus Stoff 1 mit einer Vlieseinlage (Volumenvlies H 630) zu verstärken. Wenn Sie die Seitentaschen bzw. Aufsatztaschen vorn (4 x C) und den Riegel (2 x D) nicht aus Kunstleder (Stoff 3) und die Aufsatztasche (F) nicht aus wattiertem Stoff (Stoff 1) zuschneiden, sollten Sie diese Teile mit Vlieseline H 250 verstärken.

1. Auf die linke Stoffseite der Aufsatztasche (F) aus Stoff 2 mit 3 cm Abstand von der Oberkante mittig das Flauschteil des Klettbands nähen. Einen 30 cm langen Streifen Webband zurechtschneiden und mit ca. 1 cm Abstand zur Oberkante auf die rechte Seite der Aufsatztasche (F) annähen.

2. Die Schnittteile der Aufsatztasche (F) aus Stoff 1 und Stoff 2 rechts auf rechts rundherum zusammennähen, dabei an der Oberkante eine 10 cm lange Wendeöffnung lassen. Wenden, bügeln und die Wendeöffnung schließen.

3. Bei den beiden Aufsatztaschen vorn (C) aus Stoff 3 (Kunstleder) die obere Kante 1,5 cm nach links umschlagen und absteppen, sodass ein Tunnel entsteht. An der unteren Taschenkante die Falten gemäß Markierung einlegen und mit Stecknadeln fixieren. Beide Taschenteile sollten identisch sein.

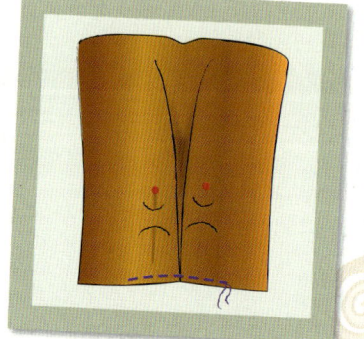

4. Zwei 9 cm lange Gummibandstücke zurechtschneiden, je eins durch den Tunnel an der Oberkante der beiden Taschen einziehen. Denn Tunnelstoff raffen und die Gummibandenden am Anfang und Ende des Tunnels festnähen, dabei je 1 cm überstehen lassen. Die Gummibandenden dann bündig zum Stoffrand abschneiden.

5. Die Seiten und die Unterkante der Außentaschen 1 cm auf links umschlagen und feststecken, sodass die beiden aufgesetzten Taschen 9 cm x 17 cm groß sind. Gemäß Markierung knappkantig auf der vorderen Aufsatztasche feststeppen.

6. Die fertige Aufsatztasche (F) gemäß Markierung an der Taschenklappe (E) aus Stoff 1 anlegen. Die Platzierung für das Klett-Hakenbandstück festlegen und das Klettband an Teil E annähen. Anschließend die Aufsatztasche gemäß Markierung auf der Taschenklappe E feststeppen.

7. Die Schnittteile für den Riegel (D) rechts auf rechts rundherum absteppen, dabei an der schmalen seite gegenüber der Schnalle eine Wendeöffnung lassen. Die Nahtzugaben knapp zurückschneiden und wenden. Die Kanten bis auf die Wendeöffnung knappkantig absteppen. Den Riegel mittig auf der Taschenklappe anlegen, so dass das untere Ende etwa in der Mitte der Klappe liegt. Das Oberteil des Mappenschlosses am Riegel, das Unterteil nach Herstelleranleitung an der Klappe anbringen. Anschließend den Riegel am andere Ende 1 cm auf links umschlagen und an der Taschenklappe (E) feststeppen.

8. Die Taschenklappe (E) aus Stoff 2 rechts auf rechts auf das eben fertiggestellte Klappenoberteil nähen, dabei eine 25 cm lange Wendeöffnung an der Oberkante lassen. Wenden, ausformen, evtl. bügeln. Die Ränder knappkantig absteppen, dabei die obere Kante mit der Wendeöffnung noch auslassen. Das Oberteil des Drehverschlusses mittig außen an der Unterkante der Klappe nach Herstelleranleitung anbringen.

9. 2 x 10 cm Webband zurechtschneiden, zur Hälfte falten, jeweils einen D-Ring mit 2,5 cm Durchmesser einlegen und das Band knapp am Ring absteppen. Jeweils mittig an der Oberkante der beiden Seitentaschen (C) feststeppen, der D-Ring zeigt dabei nach unten. Die Oberkante der beiden Seitentaschen (C) 1,5 cm nach links umschlagen und absteppen.

10. Die Unterkante der beiden Seitentaschen 1,5 cm nach links umschlagen und gemäß Markierung jeweils an dem Seitenteil (B) festnähen. Die Seitenkanten der Seitentaschen jeweils in der Nahtzugabe auf dem Seitenteil (B) festnähen.

11. Die Taschenbeutel-Teile (A) aus Stoff 1 nacheinander rechts auf rechts an dem langen Seitenteil (B) aus Stoff 1 feststecken, dazu ggf. vorher an allen Teilen die untere Mitte markieren, sodass die Teile A passgenau aufeinandersitzen. Die Nähte an den Seiten und dem Boden schließen. Das Innenfutter aus den Schnittteilen A und B aus Stoff 2 genauso arbeiten, dabei am Boden eine 20 cm langen Wendeöffnung lassen..

12. Die Taschenklappe gemäß Markierung rechts auf rechts am Rückteil des Taschenbeutel-Außenteils (Stoff 1) festnähen, dabei liegt die spätere Klappenaußenseite auf der rechten Seite des Rückteils.

13. 2 jeweils 15 cm lange Gurtbandstücke zurechtschneiden. Die großen D-Ringe auf die Gurtbandstücke fädeln. Ein Bandende 5 cm umklappen, 1 cm einschlagen und dort absteppen. Die Gurtbänder jeweils mittig an der Oberkante der Seitenteile festnähen, so dass die Ringe nach unten in Richtung Taschenboden zeigen.

14. Den Außenbeutel auf links wenden, dabei Klappe und Gurtbänder nach innen legen. Das Innenfutter auf rechts gewendet hineinschieben. An der Oberkante rundherum zusammennähen. Die Tasche wenden.

15. Durch die Wendeöffnung im Innenfutter das Unterteil des Drehverschlusses nach Herstelleranleitung am Außenstoff anbringen. Die Wendeöffnung schließen. Die Oberkante knappkantig absteppen, dabei die Taschenklappe an den Seitenkanten am Rückteil mit feststeppen.

16. Für den Träger das restliche Webband knappkantig auf dem Gurtband feststeppen. Ein Ende des Gurtbands um das Mittelteil des Gurtriegels legen, 5 cm umklappen, noch mal 1 cm einschlagen und am Gurt feststeppen. Das andere Gurtbandende durch einen D-Ring mit Karabiner und anschließend durch den Gurtriegel ziehen. Den zweiten Karabiner mit D-Ring auf das Gurtband fädeln, 5 cm umklappen, noch mal 1 cm einschlagen und am Gurtband festnähen. Den Träger mit den Karabinern an den großen D-Ringen der Tasche befestigen.

Tipp:

Sie können anstatt fertiges Gurtband zu verwenden den Träger aus einem 6 cm x 160 cm langen Streifen Kunstleder auch selbst anfertigen (siehe Seite 131).

Twinface

Größe: 35 cm x 45 cm (ohne Träger)

✳✳✳

Anleitung

1. Vlieseinlage 2 gemäß Herstelleranleitung auf die linke Stoffseite von je zwei Aufsatztaschenteilen (C und D) sowie auf ein Teil E aufbügeln.

2. Die beiden Schnittteile für die Innentasche (E) rechts auf rechts zusammennähen, dabei an der Oberkante eine Wendeöffnung lassen. Wenden, bügeln und die Oberkante knappkantig absteppen, dabei die Wendeöffnung schließen. Die Innentasche gemäß Markierung mit der gesteppten Oberkante nach oben auf ein Taschenteil (A oder B) knappkantig aufnähen.

Hinweis:

Mit den zugeschnittenen Teilen sind mehrere Varianten möglich. Bevor Sie die Teile zusammennähen, können Sie entscheiden, ob die Tasche zwei unterschiedliche Außenseiten, hier also Vorderseite und Rückseite zum Wenden, haben soll (siehe Foto Seite 127). Sie können aber auch für innen und außen jeweils einen Stoff wählen. Dann ist die Tasche hinten und vorne gleich. Für diese Variante nähen Sie je zwei Teile aus demselben Stoff zu jeweils Innenfutter bzw. Außenbeutel zusammen.

Material

- Stoff 1: fester Taschenstoff aus Polyester in Petrolblau, 80 cm x 50 cm
- Stoff 2: Kunstleder in Petrolblau, 80 cm x 50 cm und 6 cm x 140 cm (alternativ fertiges Gurtband in Petrolblau, 3 cm breit, 140 cm lang)
- Stoff 3: Baumwollstoff in Hellpetrol-Weiß gemustert, 100 cm x 20 cm
- Stoff 4: Baumwollstoff in Petrol-Weiß gemustert, 100 cm x 20 cm
- Vlieseinlage 1: Volumenvlies H 630, 80 cm x 50 cm
- Vlieseinlage 2: Vlieseline H 250, 100 cm x 20 cm
- Gurtschieber, 3 cm breit
- Karabiner mit Ring, 3,5 cm breit
- 2 Ösen mit Scheiben, ø 1,4 cm
- Webband, Reste

Zuschnitt

Die Schnittmuster und angegebenen Maße enthalten 0,75 cm Nahtzugabe. Alle Markierungen von den Schnittmustern auf die Schnittteile übertragen.

Stoff 1:

1 x Schnittteil A „Taschenteil A"
1 x Schnittteil B „Taschenteil B"

Stoff 2:

1 x Schnittteil A „Taschenteil A"
1 x Schnittteil B „Taschenteil B"
1 x Zuschnitt für Träger, 6 cm x 140 cm

Stoff 3:

2 x Schnittteil C „Aufsatztasche A"
2 x Schnittteil D „Aufsatztasche B"
2 x Schnittteil E „Innentasche

Stoff 4:

2 x Schnittteil C „Aufsatztasche A"
2 x Schnittteil D „Aufsatztasche B"

Vlieseinlage 1:

1 x Schnittteil A „Taschenteil A"
1 x Schnittteil B „Taschenteil B"

Vlieseinlage 2:

2 x Schnittteil C „Aufsatztasche A"
2 x Schnittteil D „Aufsatztasche B"
1 x Schnittteil E „Innentasche"

Schnittmusterbogen 2A, Teile A–E

3. Die beiden Schnittteile A und B aus Stoff 2 für das Innenfutter rechts auf rechts an den Seiten und der unteren Rundung zusammennähen, dabei an der Unterkante ein Wendeöffnung lassen.

4. Jeweils zwei Schnittteile der Aufsatztaschen (C und D) aus Stoff 1 und 2 rechts auf rechts zusammennähen, dabei an der Oberkante eine 7 cm lange Wendeöffnung lassen. Wenden und bügeln. Die Nahtzugabe der Wendeöffnung jeweils nach innen bügeln und die obere Kante der Taschen von der Ecke bis zur Markierung knappkantig absteppen, dabei die Wendeöffnung schließen.

5. Je ein Aufsatztaschenteil mittig mit 9 cm Abstand zum Taschenboden der rechten Stoffseite der Außentaschenteile feststecken und entlang der Rundung bis zu dem Punkt, wo die erste Naht endet, festnähen. Jeweils die zweite Aufsatztasche gegengleich platzieren und festnähen.

6. Das Volumenvlies (Vlieseinlage 1) jeweils auf der linken Stoffseite der beiden Schnittteile für den Außenbeutel feststecken und die beiden Teile wie in Schritt 3 beschrieben zusammennähen, dabei das Volumenvlies mitfassen, jedoch keine Wendeöffnung lassen.

7. Den Außenbeutel auf rechts (schöne Seite außen) wenden und in den auf links (schöne Seite innen) liegenden Innenfutter schieben. An der Oberkante rundherum zusammennähen. Die Nahtzugaben knapp zurückschneiden und an den Rundungen bis knapp vor die Naht einschneiden. Wenden und sehr gut ausformen. Falls es das Material zulässt, bügeln. Nun die obere Kante entlang der Rundungen knappkantig absteppen.

Tipp:

Wachstuch und Kunstleder können Sie auf mittlerer Temperatur bügeln, wenn Sie Backpapier dazwischen legen.

8. Die Ösen nach Herstelleranleitung an den Markierungen einschlagen.

9. Einen Träger anfertigen (siehe Seite 131, alternativ fertiges Gurtband verwenden). Gurtschieber und Karabiner an dem Träger anbringen (siehe Seite 123, Schnitt 16) und den Träger einhängen.

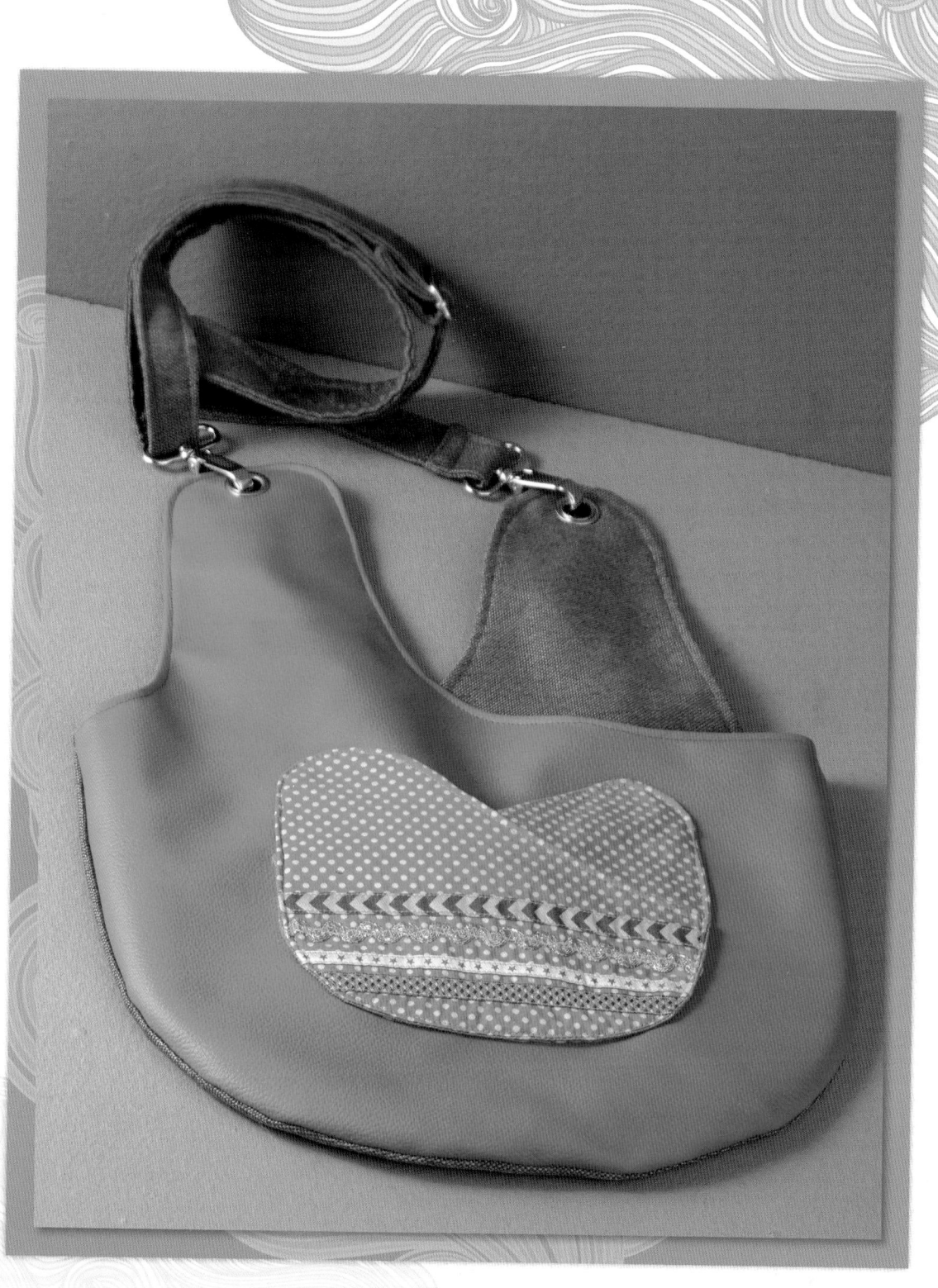

Go Green

Größe: 39 cm x 30 cm (ohne Träger)

✳✳✳

Anleitung

1. Vlieseinlage 2 nach Herstelleranleitung jeweils auf die linke Stoffseite jeweils eines Teiles der Aufsatztasche (C) und der Innentasche (D) bügeln. Bei sehr dünnen Stoffen jeweils beide Schnittteile mit Vlieseinlage 2 verstärken.

2. Für die Innentasche die beiden Schnittteile D rechts auf rechts rundherum zusammennähen, dabei an der Oberkante eine 7 cm lange Wendeöffnung lassen. Wenden und die Oberkante knappkantig absteppen, dabei die Wendeöffnung schließen. Die Innentasche gemäß Markierung mit der abgesteppten Kante nach oben auf ein Schnittteil des Innenfutters (A) aus Stoff 2 feststeppen.

Material

- Stoff 1: stabiler Taschenstoff aus Polyester in Hellgrün, 50 cm x 120 cm
- Stoff 2: beschichteter Baumwollstoff in Hellgrün-Weiß gepunktet, 50 cm x 100 cm
- Stoff 3: Baumwollstoff mit buntem Karomuster, 25 cm x 100 cm
- Stoff 4: Kunstleder in Hellgrün, 2 x 6 cm x 130 cm (alternativ fertiges Gurtband in Hellgrün, 3 cm breit, 2 x 130 cm)
- Vlieseinlage 1: Volumenvlies H 630, 50 cm x 120 cm
- Vlieseinlage 2: Vlieseline H 250 oder Decovil light, 25 cm x 50 cm
- Webband mit Blumenmotiv, 1,2 cm breit, 25 cm lang
- Mappenschloss, 3 cm hoch

Zuschnitt

Die Schnittteile und angegebenen Maße enthalten 0,75 cm Nahtzugabe. Alle Markierungen von den Schnittmustern auf die Schnittteile übertragen.

Stoff 1:

2 x Schnittteil Teil A „Taschenbeutel"
2 x Schnittteil B „Klappe"

Stoff 2:

2 x Schnittteil A „Taschenbeutel"

Stoff 3:

2 x Schnittteil C „Aufgesetzte Tasche außen"
2 x Schnittteil D „Innentasche"

Stoff 4:

2 x Zuschnitt für Taschenträger, 6 cm x 130 cm (Länge nach Wunsch anpassen)

Vlieseinlage 1:

2 x Schnittteil A „Taschenbeutel"

Vlieseinlage 2:

1 x Schnittteil C „aufgesetzte Tasche außen"
2 x Schnittteil D „Innentasche"

Schnittmusterbogen 2B, Teile A–D

3. Die Schnittteile des Innenfutters (A) rechts auf rechts an den seitlichen und der unteren Kante zusammennähen, dabei mittig an der Unterkante eine 12 cm lange Wendeöffnung lassen und die inneren Ecken an der Unterkante aussparen.

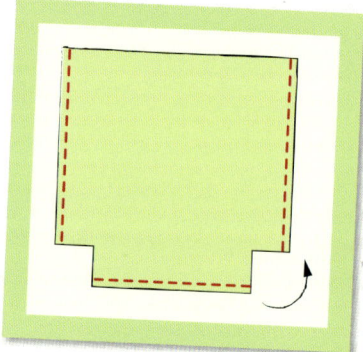

4. Nun die Ecken auseinanderziehen, jeweils die Bodennaht bündig auf die Seitennaht legen und die Ecken abnähen.

5. Das Webband auf der rechten Seite eines Klappenteils (B) mittig senkrecht feststeppen. Die Klappenteile (B) rechts auf rechts mit kleiner Stichlänge (2 mm) zusammennähen, dabei die Kurven sorgfältig nähen. Die Nahtzugabe sehr knapp zurückschneiden, die Klappe wenden und sorgfältig ausformen. Die Klappe rundherum bis auf die obere Kante knappkantig absteppen. Die Wendeöffnung mit Stecknadeln oder Klammern fixieren.

6. Das Vorderteil des Mappenschlosses nach Herstelleranleitung an der Unterkante der Klappe anbringen.

7. Die aufgesetzte Außentasche (C) aus Stoff 3 gemäß Markierung wie in Schritt 2 für die Innentasche beschrieben auf die rechte Stoffseite eines Außenbeutelteils (A) aus Stoff 1 nähen.

8. Die Zuschnitte aus Vlieseinlage 1 jeweils auf den Schnittteilen für den Außenbeutel (A) aus Stoff 1 feststecken. Die Außenbeutelteile wie in Schritt 3 und 4 für das Innenfutter beschrieben zusammennähen, dabei die Vlieseinlage mit einnähen und keine Wendeöffnung lassen. Den Taschenbeutel wenden. Auf das Rückteil des Außenbeutels gemäß Markierung die Klappe aufnähen, dabei zeigt die Klappenoberseite nach oben und die Klappe ragt über die Oberkante der Tasche hinaus.

9. Die beiden Träger aus Stoff 4 nähen (siehe Seite 131) oder fertiges Gurtband verwenden. Die Träger gemäß Markierung an der Oberkante der Außentasche rechts auf rechts festnähen, dabei zeigen die Träger in Richtung Taschenbeutel nach unten.

10. Den Außenbeutel auf links wenden, Klappe und Träger nach innen legen. Den Innenbeutel auf rechts gewendet in den Außenbeutel schieben. Die beiden Taschenbeutel an der Oberkante zusammennähen und die Tasche wenden.

11. Die Position für das Unterteil des Mappenschlosses am Außenbeutel markieren und das Teil nach Herstelleranleitung befestigen. Die Wendeöffnung schließen. Die Taschen an der Oberkante inklusive Klappe rundherum knappkantig absteppen.

Taschenträger aus Kunstleder

1. Auf der linken Stoffseite des Taschenträgerzuschnitts über die ganze Länge die Mitte markieren. Die beiden langen Kanten auf die Mittellinie umschlagen und fixieren (z. B. mit Stylefix oder Klammern).

2. Den Streifen links und rechts der Mittellinie sowie knappkantig an den Außenkanten absteppen.

Material

- Stoff 1: Kunstleder in Rot, 90 cm x 30 cm und 6 cm x 140 cm (alternativ Gurtband in Rot, 3 cm breit, 140 cm lang)
- Stoff 2: beschichtete Webware mit buntem Dreiecksmuster, 90 cm x 35 cm
- Stoff 3: Baumwollstoff mit buntem Karomuster, 90 cm x 25 cm
- Vlieseinlage 1: Volumenvlies H 630, 90 cm x 35 cm
- Vlieseinlage 2: Vlieseline H 250, 70 cm x 25 cm
- Spitzenreißverschluss, 20 cm lang
- Magnetverschluss, ø 1,9 cm
- Klettband in Rot, 2 cm breit, 7 cm lang
- Druckknopf oder KamSnap, ø 1 cm
- Gurtriegel, 3 cm breit
- 2 D-Ringe, 4 cm breit

Zuschnitt

Die Schnittmuster und angegebenen Maße enthalten 0,75 cm Nahtzugabe. Alle Markierungen von den Schnitten auf die Schnittteile übertragen.

Stoff 1:

2 x Schnittteil A „Taschenbeutel"
2 x Schnittteil D „Aufsatztasche"
2 x Zuschnitt Trägerschlaufe, 8 cm x 10 cm
ggf. 1 x Zuschnitt Träger, 6 cm x 140 cm

Stoff 2:

2 x Schnittteil A „Taschenbeutel"
2 x Schnittteil F „Innentasche"

Stoff 3:

2 x Schnittteil B „Große Klappe"
2 x Schnittteil C „Reißverschlusstasche"
2 x Schnittteil E „Kleine Klappe"

Vlieseinlage 1:

2 x Schnittteil A „Taschenbeutel"

Vlieseinlage 2:

1 x Schnittteil B „Große Klappe"
1 x Schnittteil C „Reißverschlusstasche"
1 x Schnittteil E „Kleine Klappe"

Schnittmusterbogen 2B, Teile A–F

Fleur du Jour

Größe: 33 cm x 27 cm (ohne Träger)

✳✳✳

Anleitung

1. Vlieseinlage 2 nach Herstelleranleitung auf je ein Teil der Schnittteile B, C und E aus Stoff 3 bügeln.

2. Die beiden Schnittteile für die Innentasche (F) rechts auf rechts an der Oberkante zusammennähen. Wenden und die Oberkante knappkantig absteppen. Die Innentasche rechts auf rechts auf ein Schnittteil des Innenfutters (A) aus Stoff 2 legen und an den Seiten und der Unterkante aufnähen. Einen Druckknopf oder KamSnap mittig als Verschluss anbringen.

3. Das andere Innenfutterteil (A) aus Stoff 2 rechts auf rechts auf das Teil mit Tasche legen und an den Seiten sowie der Unterkante zusammennähen, dabei an der Unterkante eine 15 cm lange Wendeöffnung lassen.

4. Die Schnittteile für die Reißverschlusstasche (C) aus Stoff 3 rechts auf rechts zusammennähen, dabei an der Oberkante eine 10 cm lange Wendeöffnung lassen. Wenden und ausbügeln, die Wendeöffnung mit Stecknadeln fixieren und bügeln.

5. Den Spitzenreißverschluss mit dem unteren Band links auf rechts an der Oberkante der Reißverschlusstasche feststeppen. Anschließend das obere Reißverschlussband gemäß Markierung auf der rechten Stoffseite des Taschenvorderteils (A) aus Stoff 1 aufnähen.

6. Die Zuschnitte aus Volumenvlies 2 auf der linken Stoffseite der Taschenbeutelteile (A) aus Stoff 1 feststecken. Die Taschenbeutelteile rechts auf rechts an den Seiten und der Unterkante zusammennähen, dabei das Volumenvlies mitfassen.

7. Auf ein Schnittteil der Aufsatztasche (D) gemäß Markierung den Hakenteil des Klettbandes nähen. Beide Schnitteile D rechts auf rechts zusammensteppen, dabei an der Oberkante eine 10 cm lange Wendeöffnung lassen. Wenden und die Oberkante knappkantig absteppen, dabei die Wendeöffnung schließen.

8. Auf ein Schnittteil der kleinen Klappe (E) gemäß Markierung das Flauschband des Klettverschlusses nähen. Beide Schnittteile E rechts auf rechts mit kleiner Stichlänge (2 mm) zusammennähen, dabei an der geraden Kante eine 10 cm lange Wendeöffnung lassen und die Bögen besonders sorgfältig nähen. Wenden und ausbügeln. Die Nahtzugabe an den Bögen knapp zurückschneiden und dort, wo die Bögen aufeinandertreffen, bis kurz vor die Naht einschneiden. Das Teil wenden, ausformen und bügeln. Zum Schluss die Bögen knappkantig mit kleiner Stichlänge absteppen.

9. Die Aufsatztasche mit der kleinen Klappe auf dem äußeren Teil der großen Taschenklappe befestigen. Dazu zuerst die kleine Klappe (E) gemäß Markierung auf der großen Klappe annähen, die Klappe zeigt dabei nach unten. Anschließend die Aufsatztasche gemäß Markierung an den Seitenkanten und der Rundung so annähen, dass die Klettverschlussteile passgenau aufeinandertreffen.

10. Die Längskanten der beiden Trägerschlaufenzuschnitte je 2 cm nach links auf die Mitte umklappen und links und rechts der Mitte annähen (siehe Seite 131). Die fertige Breite der Schlaufen beträgt 4 cm. Je eine Schlaufe auf einen D-Ring fädeln, ein Ende 2 cm umklappen und festnähen. Anschließend nochmals nahe am Ring absteppen. Die fertigen Schlaufen jeweils auf die rechte Stoffseite der Seitennaht des Innenfutters stecken und in der Nahtzugabe feststeppen.

11. Den oberen Teil des Magnetverschlusses gemäß Herstelleranleitung an das Innenteil der großen Klappe (B) anbringen. Die beide großen Klappenteile wie in Schritt 8 für die kleine Klappe beschrieben zusammennähen, jedoch das Klettband auslassen. Wenden, die Wendeöffnung nach innen legen und die Klappe gemäß Markierung an das Rückteil des Außenbeutels (A) nähen, dabei die Wendeöffnung schließen.

12. Den Außenbeutel auf links (schöne Seiten innen) wenden, die Klappen und die Trägerschlaufen nach innen legen. Das auf rechts (schöne Seite außen) liegende Innenfutter in den Außenbeutel schieben und die beiden Teile an der Oberkante rundherum zusammennähen.

13. Die Tasche wenden. Die Position für das untere Teil des Magnetverschlusses am Außenteil anzeichnen und den Verschluss am Außenstoff anbringen, dabei durch die Wendeöffnung arbeiten und ggf. den Verschluss mit einem Rest Kunstleder hinterlegen. Die Wendeöffnung schließen, die Oberkante knappkantig absteppen.

14. Den Träger aus einem 6 cm x 140 cm großen Kunstlederstreifen nähen (siehe Seite 131) oder Gurtband als Träger verwenden. Karabiner und Gurtriegel anbringen (siehe Seite 123, Schritt 16).

XXL-Tasche

„Wo habe ich nochmal …?", diesen Satz hört man öfters von der Trägerin einer XXL-Tasche. Diese Frau ist kreativ und eine kleine Chaotin. Sie ist für alles gerüstet und das will Sie auch sein – denn Spontanität wird bei Ihr Großgeschrieben. Die Größe der XXL-Taschen ermöglicht sogar einen kleinen Kurztrip, denn hier wird nicht mit Platz gegeizt. Mit Fächern kann man zwar versuchen das Chaos im Zaum zu halten, aber das gelingt nicht immer. Die fünf nachfolgenden Modelle beweisen, dass die großen Taschen ganz unterschiedlich sein können: als Schultertasche, als echte Handtasche oder auch locker zum Umhängen.

Toujours Belle

Größe: 45 cm x 47 cm

***

Anleitung

1. Die Vlieseinlage nach Herstelleranleitung auf die linke Stoffseite des Außenbeutels (A) aufbügeln.

2. Die Schnittteile des oberen Außenbeutels (A) jeweils rechts auf rechts füßchenbreit an die langen Kanten des Bodenteils (B) nähen (siehe Illustration). Die Nahtzugaben mit dem Finger auseinanderstreichen, das Teil wenden und von rechts mit Zickzackstich jeweils über die Nahtzugabe nähen.

Material

- Stoff 1: Baumwollstoff mit Hahnentrittmuster in Schwarz-Weiß, 100 cm x 35 cm
- Stoff 2: Kunstleder in Schwarz, 100 cm x 60 cm
- Stoff 3: Baumwollstoff in Schwarz, 106 cm x 65 cm
- Vlieseinlage: Vlieseline H 250, 100 cm x 35 cm
- 2 verstellbare Taschengriffe mit vorperforierter Nahtlinie aus Kunstleder in Schwarz, 105–127 cm lang
- Spitzenreißverschluss in Schwarz, 40 cm lang
- Jeans- oder Ledernadel
- Nähfüßchen aus Teflon

Zuschnitt

Die Schnittmuster und angegebenen Maße enthalten 0,5 cm Nahtzugabe. Schnittteil D im Stoffbruch zuschneiden. Beim Zuschnitt von Schnittteil A ggf. auf die Musterausrichtung achten. Alle Markierungen von den Schnittmustern auf die Schnittteile übertragen.

Stoff 1:

2 x Schnittteil A „Außenbeutel oben"

Stoff 2:

1 x Schnittteil B „Boden"
2 x Schnittteil C „Seite"
2 x Schnittteil E „Verschlusslasche"

Stoff 3:

2 x Schnittteil C „Seite"
1 x Schnittteil D „Innenfutter"

Vlieseinlage:

2 x Schnittteil A „Außenbeutel oben"

Schnittmusterbogen 2A, Teil A
Schnittmusterbogen 2B, Teile B–E

3. Die zwei Seitenteile (C) aus Stoff 1 an den kurzen Kanten gemäß Markierung mittig rechts auf rechts füßchenbreit an den Boden nähen.

4. Nun die vier Seitennähte zwischen den Seitenteilen (C) und dem Außenbeutel/Boden füßchenbreit rechts auf rechts schließen, sodass ein großer Taschenbeutel entsteht.

5. Die Seitenteile (C) aus Stoff 3 gemäß Markierung rechts auf rechts am Innenfutter (D) fixieren und füßchenbreit annähen.

6. Den Außenbeutel auf links wenden. Das Innenfutter auf rechts wenden und in den Außenbeutel schieben. Die schönen Seiten von Außenbeutel und Innenfutter liegen aufeinander.

7. Die Seitennähte von Außenbeutel und Innenfutter jeweils bündig aufeinanderstecken. Anschließend die übrige Oberkante mit Stecknadeln fixieren.

8. Die Oberkante 1,5 cm vom Stoffrand entfernt mit Geradstich absteppen, dabei eine 10 cm lange Wendeöffnung lassen.

9. Den Taschenbeutel wenden, das Innenfutter in den Außenbeutel legen. Den oberen Rand und die Ecken herausarbeiten.

10. Die Nahtzugabe der Wendeöffnung nach innen legen und die Oberkante bügeln, sodass der Innenstoff bündig mit dem Außenstoff abschließt. Die Nahtzugabe der Wendeöffnung mit Stecknadeln fixieren.

11. Die Oberkante der Tasche rundherum füßchenbreit mit Geradstich absteppen.

12. Die Taschengriffe an den gewünschten Stellen auf der Tasche fixieren und an dem vorperforierten Rechteck annähen. Für mehr Stabilität ein kreuzförmige Naht in das Rechteck setzen.

13. Für den Taschenverschluss die Verschlusslaschen (E) an den kurzen Seiten jeweils 1,5 cm nach links umschlagen und mit Zickzackstich festnähen.

14. Die Laschen längs mittig links auf links falten und die lange offene Kante mit Geradstich schließen.

15. Die Laschen jeweils 1 cm weit nach innen an der langen Oberkante der Tasche fixieren und mit Geradstich annähen. Darauf achten, dass die beiden Teile sich bündig gegenüberliegen.

16. Den Spitzenreißverschluss auf den Außenseiten der Laschen fixieren. Testen, ob er sich öffnen lässt. Den offenen Reißverschluss mit Geradstich aufnähen.

Hippie Macchiato

Größe: 56 cm x 46 cm

✳✳✳

Anleitung

1. Die Vlieseline auf die Rückseite der Schnittteile A aus Stoff 2 bügeln.

2. Die Fransenborte und die Troddelborte an der gewünschten Stelle auf die rechte Stoffseite eines Schnittteils aus Stoff 1 aufnähen.

3. Für die Innentasche das Taschenteil aus Stoff 2 rechts auf rechts zu einem Rechteck falten und ringsherum füßchenbreit zusammennähen, dabei an einer langen Seite eine Wendeöffnung lassen. Wenden, die Ecken gut herausarbeiten und bügeln.

4. Den Reißverschluss öffnen. Mit dem Zipper nach oben zeigend die untere Hälfte des Reißverschlusses an der langen Kante ohne Wendeöffnung auf der rechten Stoffseite der Innentasche feststecken und mit Geradstich annähen (siehe Foto Seite 145).

Material

- Stoff 1: Kunstleder in Beige, 60 cm x 100 cm
- Stoff 2: Baumwollstoff in Beige-Braun mit Ethnomuster, 60 cm x 148 cm
- Vlieseinlage: Vlieseline H 250, 60 cm x 100 cm
- 2 Taschengriffe in Beige mit Herzen, je 45 cm lang
- Spitzenreißverschluss in Beige, 20 cm lang
- Troddelborte in Braun, 60 cm lang
- Fransenborte in Beige, 60 cm lang

Taschenbaumler (optional)

- Kunstleder in Beige, 2 cm (Breite des Karabiner-rings) x 12 cm
- Karabinerhaken, 2,5 cm x 4,5 cm
- Jeans- oder Ledernadel
- Nähfüßchen aus Teflon (für die Verarbeitung von Kunstleder geeignet)

Zuschnitt

Die Schnittmuster enthalten 0,5 cm Nahtzugabe. Schnittteil B im Stoffbruch zuschneiden. Alle Markierungen von den Schnittmustern auf die Schnittteile übertragen.

Stoff 1:

2 x Schnittteil A „Tasche" (= Außenteil)

Stoff 2:

2 x Schnittteil A „Tasche" (= Innenfutter)
1 x Schnittteil B „Innentasche"

Vlieseinlage:

2 x Schnittteil A „Tasche"

Schnittmusterbogen 2A, Schnittteile A und B

5. Die Innentasche mit dem Reißverschluss nach oben auf ein Schnittteil aus Stoff 2 an der gewünschten Stelle stecken und den oberen Teil des Reißverschlusses mit Geradstich festnähen.

6. Den Reißverschluss schließen und die Innentasche an allen drei Seiten knappkantig feststeppen.

7. Für den Futterbeutel die Schnittteile aus Stoff 2 rechts auf rechts legen und an den beiden Seitenkanten sowie der unteren Kante füßchenbreit absteppen.

8. Für den Außenbeutel die Schnittteile aus Stoff 1 rechts auf rechts legen und und an den beiden Seitenkanten sowie der unteren Kante füßchenbreit absteppen. Die Nahtzugabe an den Rundungen einschneiden.

9. Den Futterbeutel auf rechts wenden, sodass die schöne Seite nach außen zeigt, und rechts auf rechts in den auf links liegenden Außenbeutel schieben. Die Seitennähte von Innen- und Außenbeutel liegen bündig aufeinander. Rundherum mit Stecknadeln feststecken.

10. Die obere Taschenkante 1,5 cm vom Rand entfernt mit Geradstich absteppen, dabei eine 15 cm lange Wendeöffnung lassen.

11. Den Taschenbeutel wenden und den Innenbeutel in den Außenbeutel schieben.

12. Die Nahtzugabe der Wendeöffnung nach innen legen. Die Oberkante der Tasche bügeln, sodass der Innenstoff bündig mit dem Außenstoff abschließt und nicht über den Außenstoff ragt. (Am besten den Innenteil bügeln, um das Kunstleder nicht zu beschädigen.) Die Nahtzugabe der Wendeöffnung mit Stecknadeln fixieren.

13. Die Oberkante der Tasche einmal rundherum mit 1 cm Abstand zum Rand mit Geradstich absteppen. Anschließend noch einmal füßchenbreit vom Rand aus mit Zickzackstich absteppen.

14. Die Taschenhenkel von Hand an die Tasche annähen.

Taschenbaumler

1. Eine Troddel aus dem Rest Kunstleder (Stoff 1) fertigen (siehe Seite 102).

2. Den 12 cm langen Streifen aus Kunstleder in der Breite des Karabinerhakenrings zuschneiden. Durch den Ring fädeln, zur Schlaufe legen und an der gewünschten Stelle der Tasche mit Geradstich annähen.

3. Die Troddel in den Karabinerhaken einhängen.

Paisley Blues

Größe: 50 cm x 38 cm

✳ ✳ ✳

Material

- Stoff 1: Baumwollstoff in Blau-Weiß gemustert, 106 cm x 70 cm
- Stoff 2: gesteppter Taschenstoff in Blau, 106 cm x 18 cm
- Stoff 3: Baumwollstoff in Weiß mit blauem Sternenmuster, 106 cm x 46 cm
- Vlieseinlage: Vlieseline H250, 106 cm x 30 cm
- 2 geflochtene Taschengriffe in Blau, 60 cm lang
- Spitzenreißverschluss in Blau, 20 cm lang

Zuschnitt

Die Schnittmuster und angegebenen Maße enthalten 0,5 cm Nahtzugabe. Die Schnittteile im Stoffbruch zuschneiden. Beim Zuschnitt von Schnittteil A auf die Musterrichtung des Stoffs achten. Alle Markierungen von den Schnittmustern auf die Schnittteile übertragen.

Stoff 1:

1 x Schnittteil A „Außenbeutel oben"
1 x Schnittteil E „Innentasche"
1 x Schnittteil D „Schlaufen Taschengriff"

Stoff 2:

1 x Schnittteil B „Außenbeutel unten"

Stoff 3:

1 x Schnittteil C „Innenfutter"

Vlieseinlage:

1 x Schnittteil A „Außentasche oben"

Schnittmusterbogen 2A, Teile A und B
Schnittmusterbogen 2B, Teile C–E

Anleitung

1. Die Vlieseinlage nach Herstelleranleitung auf die linke Stoffseite der oberen Außentasche (A) aus Stoff 1 aufbügeln.

2. Die langen Kanten des Schlaufen für den Taschengriff (D) 0,5 cm nach links umbügeln. Das Schnittteil anschließend mittig längs falten und die langen Kanten knappkantig absteppen. Den Streifen in vier gleich lange Teile schneiden.

3. Die Innentasche (E) im Stoffbruch rechts auf rechts falten und füßchenbreit zusammennähen, dabei an einer langen Seite eine 5 cm lange Wendeöffnung lassen. Wenden, die Ecken gut herausarbeiten und bügeln.

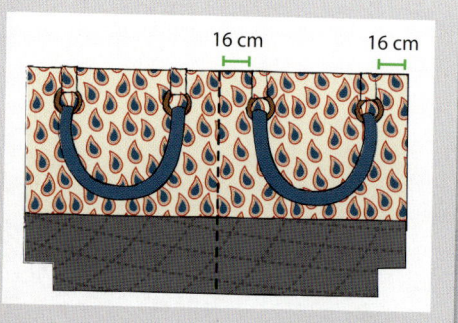

4. Den Reißverschluss öffnen. Das untere Teil mit dem Zipper nach oben zeigend auf die obere lange Kante der Innentasche stecken und mit Geradstich annähen (siehe Seite 143/144, Schritt 4 und 5, Foto).

5. Den Reißverschluss schließen. Die Innentasche mit der Wendeöffnung nach unten auf die gewünschte Stelle des Innenfutters (C) stecken. Den oberen Teil des Reißverschlusses am Innenfutter feststecken. Die Innentasche an den Seiten und an der Unterkante knappkantig feststeppen.

6. Das Innenfutter (C) rechts auf rechts in den Stoffbruch legen und die eine Seiten- sowie die Bodennaht füßchenbreit schließen, dabei die inneren Ecken am Boden aussparen. Die Nähte mit Zickzackstich versäubern.

7. Die unteren offenen Ecken des Innenfutters aufklappen und die Bodennaht jeweils direkt auf die Seitennaht bzw. den Stoffbruch legen. Mit Stecknadeln fixieren und die Ecken mit Geradstich füßchenbreit abnähen (siehe Seite 16, Schritt 11). Die Nahtzugabe knapp zurückschneiden und mit Zickzackstich versäubern.

8. Den oberen Außenbeutel (A) und den unteren Außenbeutel (B) an der Ansatzlinie rechts auf rechts füßchenbreit zusammennähen. Die Nahtzugaben auseinanderbügeln.

9. Das Außenbeutelteil rechts auf rechts in den Stoffbruch legen und die eine Seiten- sowie die Bodennaht füßchenbreit absteppen, dabei die inneren Ecken am Boden aussparen.

10. Die unteren offenen Ecken aufklappen und die Bodennaht direkt auf die Seitennaht bzw. den Stoffbruch legen. Mit Stecknadeln fixieren und die Ecken mit Geradstich füßchenbreit abnähen (siehe Schritt 7).

11. Die vier Schlaufenteile (D) jeweils durch eine Öse des Taschengriffs ziehen und die Enden bündig legen. Mit dem Taschengriff in Richtung Tasche zeigend auf den Schlaufenmarkierungen des Außenbeutels fixieren. Darauf achten, dass die Taschengriffe nicht verdreht sind. Die vier Schlaufenteile mit Geradstich annähen.

12. Den Außenbeutel auf links wenden, darauf achten, dass die Taschengriffe in Richtung Tasche liegen. Das Innenfutter auf rechts wenden und in den Außenbeutel stecken. Die schönen Stoffseiten liegen aufeinander.

13. Die Seitennähte von Außenbeutel und Innenfutter jeweils bündig aufeinander stecken. Anschließend die übrige Taschenoberkante mit Stecknadeln fixieren.

14. Die Oberkante 1,5 cm vom Stoffrand entfernt mit Geradstich absteppen, dabei eine 10 cm lange Wendeöffnung lassen.

15. Den Taschenbeutel wenden, das Innenfutter in den Außenbeutel legen. Den oberen Rand und die Ecken herausarbeiten und die Taschengriffe nach außen ziehen.

16. Die Nahtzugabe der Wendeöffnung nach innen legen und die Oberkante bügeln, sodass der Innenstoff bündig mit dem Außenstoff abschließt. Die Nahtzugabe der Wendeöffnung mit Stecknadeln fixieren.

17. Die Oberkante der Tasche rundherum füßchenbreit mit Geradstich absteppen. Anschließend noch einmal im Füßchenabstand zu der gerade genähten Naht absteppen. Die Tasche zum Schluss bügeln.

Flower Power

Größe: 47 cm x 38 cm

✳✳✳

Anleitung

1. Die Vlieseinlage nach Herstelleranleitung auf die linke Stoffseite der Taschenteile aus Stoff 1 bügeln.

2. Die Innentasche im Stoffbruch rechts auf rechts falten und rundherum füßchenbreit zusammennähen, dabei an einer langen Seite eine 5 cm lange Wendeöffnung lassen. Wenden, die Ecken gut herausarbeiten, die Nahtzugabe an der Wendeöffnung nach innen legen und bügeln.

3. Die Innentasche mit der Wendeöffnung nach unten an die gewünschte Stelle eines Taschenteils aus Stoff 2 stecken und an den Seiten sowie an der Unterkante knappkantig aufsteppen.

4. Die Fransenbordüre an einem Taschenteil aus Stoff 1 an gewünschter Stelle auf die rechte Stoffseite nähen.

Material

- Stoff 1: Baumwollstoff in Bunt gemustert, 100 cm x 50 cm
- Stoff 2: Baumwollstoff in Weiß, 100 cm x 66 cm
- Vlieseinlage: Vlieseline H 250, 100 cm x 50 cm
- 2 kreisförmige Taschengriffe in Bernsteinfarben, ø 17 cm
- Fransenbordüre in Rot, 50 cm

Zuschnitt

Die Schnittmuster enthalten 0,5 cm Nahtzugabe. Schnittteil 3 im Stoffbruch zuschneiden. Alle Markierungen von den Schnittmustern auf die Schnittteile übertragen.

Stoff 1:
2 x Schnittteil A „Tasche"
1 x Schnittteil B „Innentasche"

Stoff B:
2 x Schnittteil A „Tasche"

Vlieseinlage:
2 x Schnittteil A „Tasche"

Schnittmusterbogen 2A, Teile A und B

5. Je ein Taschenteil aus Stoff 1 und ein Teil aus Stoff 2 rechts auf rechts an der oberen Rundung zusammennähen. Die Nahtzugaben auseinanderbügeln.

6. Die Taschengriffe jeweils zwischen die beiden noch rechts auf rechts liegenden Stofflagen legen. Die Seitennähte vom Taschenring ausgehend bis zu der Markierung füßchenbreit absteppen.

7. Die beiden Taschenteile wenden und die Nahtzugabe zwischen Ring und Seitennaht nach innen einschlagen. Die Rundung jeweils so nah wie möglich an den Taschengriffen absteppen.

8. Die beiden Taschenteile aus Stoff 1 rechts auf rechts an der Markierung beginnend rundherum füßchenbreit zusammennähen.

9. Die beiden Taschenteile aus Stoff 2 rechts auf rechts an der Markierung beginnend rundherum füßchenbreit zusammennähen, dabei unten eine ausreichend große Wendeöffnung lassen, sodass die Taschengriffe später hindurchpassen.

10. Die Tasche wenden und die Wendeöffnung von Hand schließen oder knappkantig mit der Nähmaschine absteppen.

Tipp:
Ohne Innentasche (B) genäht, lässt sich die Tasche auch als Wendetasche verwenden.

Keep It Simple

Größe: 41 cm x 50 cm

***

Material

- Stoff 1: Kunstleder in Rot, 100 cm x 140 cm und Streifen 9 cm x gewünschte Taschenträgerlänge
- Stoff 2: Baumwollstoff in Schwarz-Weiß gemustert, 100 cm x 140 cm
- Jeans- oder Ledernadel
- Nähfüßchen aus Teflon
- Steckschloss in Messingfarben mit unterfüttertem Kunstlederteil in Rot mit vorperforierten Stichlöchern, 4 cm x 5,5 cm

Zuschnitt

Das Schnittmuster und die angegebenen Maße enthalten 0,5 cm Nahtzugabe.

Stoff 1:

2 x Schnittteil A „Tasche"
1 x Streifen, 9 cm x gewünschte Taschenträgerlänge

Stoff 2:

2 x Schnittteil A „Tasche"
Schnittmusterbogen 2B, Schnittteil A

Anleitung

1. Den Taschenhenkel an beiden kurzen Seiten 1 cm auf links einschlagen und füßchenbreit absteppen.

2. Den Henkel mittig längs falten und beide langen Seiten knappkantig absteppen.

3. Die Taschenteile aus Stoff 1 (Außenbeutel) rechts auf rechts an beiden Seitenkanten und der Bodenkante füßchenbreit zusammennähen, dabei die inneren Ecken am Boden aussparen.

4. Die unteren offenen Ecken des Taschenbeutels aufklappen und die Bodennaht jeweils direkt auf die Seitennaht legen. Mit Stecknadeln fixieren und die Ecke mit Geradstich füßchenbreit abnähen (siehe Seite 16, Schritt 11). Die Nahtzugabe knapp zurückschneiden.

5. Schritt 3 und 4 für die Taschenteile aus Stoff 2 (Innenfutter) wiederholen.

6. An der Außenseite des Außenbeutels an beiden Seitennähten von der oberen Kante nach unten 17 cm abmessen und für den Ansatz des Taschenhenkels markieren. Nach Wunsch die Taschenklappe verlängern, dazu entsprechend mehr abmessen.

7. Die Taschenhenkelenden jeweils an den beiden Markierungen mit Geradstich aufnähen. Dazu zunächst ein 4 cm x 4 cm großes Quadrat aufsteppen und dann in der Mitte zwei diagonale Nähte setzen.

8. Den Außenbeutel auf links wenden, dabei darauf achten, dass der Taschenhenkel innen liegt. Den Innenbeutel auf rechts wenden, sodass die schöne Seite nach außen zeigt, und in den Außenbeutel schieben. Die rechten Seiten der Beutel liegen aufeinander.

9. Die Seitennähte von Innen- und Außenbeutel an der Oberkante jeweils aufeinanderstecken. Anschließend die Stofflagen an der Oberkante rundherum mit Stecknadeln fixieren.

10. Die Oberkante im Abstand von 1,5 cm vom Stoffrand mit Geradstich absteppen, dabei eine 10 cm lange Wendeöffnung lassen.

11. Den Taschenbeutel wenden und den Innenbeutel in den Außenbeutel schieben. Den oberen Rand und die Ecken herausarbeiten und die Taschenhenkel nach außen ziehen.

12. Die Nahtzugabe der Wendeöffnung nach innen und den oberen Teil der Tasche bügeln, sodass der Innenstoff bündig mit dem Außenstoff abschließt. Die Nahtzugabe an der Wendeöffnung mit Stecknadeln fixieren. Die Oberkante der Tasche rundherum füßchenbreit mit Geradstich absteppen.

13. Die Tasche nach vorne klappen und beide Teile des unterfütterten Steckschlosses mittig von Hand annähen.

Autoren

Julia Korff

Nach der Geburt Ihrer ältesten Tochter gründete Julia Korff 2009 ihr Label lillesol & pelle und hängte ihren Job als Betriebswirtin im Verlagswesen an den Nagel, um ihre Leidenschaft, das Erstellen von Schnittmustern und Anleitungen, mit anderen Nähbegeisterten zu teilen. Heute sind in ihrem Shop weit über 100 Schnittmuster als E-Books zum Sofort-Download sowie Papierschnittmuster bei vielen Stoffhänd-lern in Deutschland, Österreich und der Schweiz erhältlich. Besonders beliebt sind die Schnittmuster aufgrund ihrer umfangreichen Schritt-für-Schritt-Fotoanleitun-gen, die auch Nähanfängern zu ersten Erfolgen verhelfen.

Auf ihrer Website finden sich zusätzlich viele detaillierte Foto- und Video-Tutorials rund um das Nähen, die beliebte Themen-Reihe „LexiNÄHkon" beantwortet viele Fragen für Anfänger und Fortgeschrittene. Laufend werden im Blog Designbeispiele zu ihren Schnittmustern gezeigt, um andere Nähbegeisterte zu inspirieren. Ergänzend zu diesem Buch finden sich auf der Website auch weitere Tutorials: www.lillesolundpelle.com.

Julia Korff ist verheiratet und lebt mit ihren drei Töchtern am Stadtrand von Hamburg.

Die Lust am Nähen hat bei Franziska Fulvio bereits als junges Mädchen begonnen. Damals war Mamas Stoffkiste perfekt für die ersten Nähversuche und wurde in schnellen Zügen geplündert. Als es dann um die Zukunft ging, war bald klar, dass sie ihr Hobby zum Beruf machen möchte. Sie hat eine Schneiderausbildung ab-solviert, ein Studium angehängt und arbeitet nun in einem sehr erfolgreichen, deutschen Modekonzern als Produktentwicklerin.

Für Freunde und Familie fertigt sie gerne besondere Wünsche für besondere Anlässe. Vor einigen Monaten hat sie einen kleinen Shop bei Dawan-da eröffnet und verkauft dort verschiedene Geschenkartikel. Piccolina_by_Leonhardt.

Eva Scharnowski nähte bereits mit fünf Jahren an der Nähmaschine ihrer Mutter und seit dieser Zeit ist die Leidenschaft zu Stoffen und Nähmaschinen ungebrochen. Mit der Kunsthändlerausbildung und dem Textildesignstudium war der Weg zur Designerin für Deko-, Bekleidungs- und Automobilstoffe nicht mehr aufzuhalten.

Frederike Matthäus schreibt seit drei Jahren auf dem Blog Seemannsgarn (seemannsgarn-handmade.de) Näh-Anleitungen und zeigt selbstgenähte Kleidung und Taschen. Das Nähen brachte sie sich an einer alten Nähmaschine selbst bei und es dient ihr seither als kreativer Ausgleich zu ihrem Studium. Das kreative Arbeiten mit Stoffen und Schnittmustern entwickelte sich schnell zu einer Leidenschaft und nimmt seitdem einen hohen Stellenwert in ihrem Leben ein. Um ihre Kreationen auch mit anderen Nähbegeisterten teilen zu können, begann sie 2013 das Abenteuer ‚Blog' und sie schreibt nun regelmäßig über Erfolge und manchmal auch Misserfolge an der Nähmaschine. Wenn die Studentin nicht gerade an der Nähmaschine sitzt, zeichnet und illustriert sie und entwirft eigene Stoffdesigns.

Nette Löns ist 1969 in Hessen geboren und lebt mit ihrem Mann, zwei Kindern und Hund im Landkreis Regensburg. Sie arbeitet und bloggt unter dem Label „regenbogenbuntes".

Genäht hat sie seit der frühesten Kindheit. Angefangen hat sie „natürlich" mit Puppenzubehör für die eigenen Puppen. Sowohl die Oma als auch ihre Mutter haben viel für sie und ihre Geschwister genäht. Schon mit 6 Jahren hatte sie die erste eigene Nähmaschine, diese hat sie von der Oma übernommen – es war eine alte, fußbetriebene Schrankmaschine, die sie viele, viele Jahre begleitet hat. Angefangen hat die berufliche „Nähkarriere" 2006 mit einem kleinen Nähstand auf verschiedenen Kunsthandwerkermärkten. 2010 entdeckte Sie das Bloggen für sich und konnte so in der Bloggerwelt Kontakt zu vielen anderen Näh-Begeisterten knüpfen. Es entstand der Näh-Blog www.regenbogenbuntes.de mit vielen Tipps, Tricks, Tutorials und Ideen. Später erstellte sie erste EBooks und digitalisierte Stickdateien. 2013 kamen erste Stoff-Designs und Webbandentwürfe dazu.

Heute näht sie besonders gerne Taschen, Dekoration, Geldbeutel und Bekleidung für sich und ihre Familie. Sie hat ihr ehemaliges Hobby zu ihrem Beruf gemacht und hofft, dass sie andere mit ihrer Begeisterung für das Nähen „anstecken" kann.

Für **Eva Hilbich** war das Nähen in der Schule stets ein Graus. Im Erwachsenenalter hat sie sich das Nähen dann selbst beigebracht und schon bald entstand daraus ihre größte Leidenschaft. 0815 war ihr schon immer zu langweilig. Secondhandläden und Flohmärkte sind ihre liebsten Inspirationsquellen, durch die sich schon einige Ideen entwickelt haben. Zu erschaffen was ihr gefällt: einzigartig, individuell und unabhängig von Modetrends! Diese Einstellung hat sie dazu inspiriert ihr eigenes Label zu gründen. So designt und näht sie heute für ihr Label Nephtyis- Cat Couture, teilt gerne ihr Wissen auf ihrem Blog und regt zur eigenen Kreativität in Näh- und Upcycling Workshops an.

Kreativ-Hotline

Hilfestellung zu allen Fragen, die Materialien und Bücher zu kreativen Hobbys betreffen: Frau Erika Noll berät Sie. Rufen Sie an oder schreiben Sie eine E-Mail!

Telefon: 0 50 52 / 91 18 58*
E-Mail: mail@kreativ-service.info

*normale Telefongebühren

Impressum

ILLUSTRATIONEN: Susan Hassmann, kombinat rot weiß

SCHRITTZEICHNUNGEN: Josephine Jones

MODELLE: Franziska Fluvio (Seite 56–73), Eva Hilbich (Seite 96–113, Seite 138–157), Julia Korff (Seite 36–53), Nette Löns (Seite 116–135), Frederike Matthäus (Seite 14–33), Eva Scharnowski (Seit 76–93)

FOTOS: frechverlag GmbH, Turbinenstraße 7, 70499 Stuttgart; lichtpunkt, Michael Ruder, Stuttgart

PRODUKTMANAGEMENT: Franziska Schmidt

LEKTORAT: Christine Schlitt

LAYOUTGESTALTUNG: DOPPELPUNKT, Stuttgart

UMSCHLAGGESTALTUNG: Nakischa Scheibe

UMSETZUNG: DOPPELPUNKT, Stuttgart

DRUCK: GRASPO CZ, a. s., Tschechische Republik

1. Auflage 2016

© 2016 **frechverlag** GmbH, Turbinenstraße 7, 70499 Stuttgart

ISBN 978-3-7724-6450-8 • Best.-Nr. 6450